명문대를 꿈꾸는 초등학생이 알아야 할 공부이유

2017년 3월 20일 발행

글 | 조영경
그린이 | 비타민X

펴낸이 | 조병철
펴낸곳 | 한국독서지도회
등록 | 1997년 4월 11일 (제406-2003-016호)
주소 | 경기도 고양시 일산동구 장대길 118 (장항동)
TEL | 031-908-8520
FAX | 031-908-8595
홈페이지 | www.homebook.kr

◆ 이 책 내용의 일부 또는 전부를 사용하려면 반드시 저작권자의 동의를 얻어야 합니다.
◆ 책값은 뒤표지에 있습니다. 잘못된 책은 바꿔 드립니다.

ISBN 978-89-7788-392-5

어린이제품안전특별법에 의한 제품 표시

제조자명 한국독서지도회 | 제조년월 2017년 3월 | 제조국 대한민국 | 사용연령 8세 이상 어린이 제품
주소 및 연락처 경기도 고양시 일산동구 장항동 118 (031)908-8520

머리말

"공부해라."

아마 이 세상에서 가장 많이 들으면서 가장 듣기 싫은 잔소리일 거예요. 아예 "공부해라." 하는 잔소리가 듣기 싫어서 공부한다는 학생도 있더라구요. 여러분은 왜 공부를 하나요? 대학에 가기 위해, 자신의 꿈을 이루기 위해, 훌륭한 사람이 되기 위해, 또는 그냥 엄마가 하라고 하니까 등등 이유는 여러 가지일 것입니다. 별다른 이유 없이 하는 공부라면 공부가 지겹고 스트레스만 쌓일 것입니다. 이유가 분명하지 않으면 공부는 재미없습니다.

공부는 초등학교 때 끝나는 것이 아니에요. 오히려 시작입니다. 중학교, 고등학교, 대학교 심지어 어른이 되어서도 공부를 해야 합니다.

그렇게 지겹게만 느껴지는 공부를 신나게 할 수 있는 방법이 있어요. 바로 뚜렷한 공부 목표와 이유를 찾는 것입니다.

사람은 목표가 있어야 신바람이 납니다. 그래야 힘든 줄도 모르고 즐기면서 할 수 있습니다. 공부도 마찬가지예요. 공부하는 이유와 목표가 확실하다면 공부하기 싫을 때 위로가 되고 힘이 될 거예요.

이 책은 여러분이 공부하는 이유이기도 하고 여러분의 친구, 또 어른이 되어서도 공부하는 이유에 대한 내용입니다.

무작정 공부를 해야 한다고 생각하지 말고 내가 왜 공부를 해야 하는지 한 번쯤 곰곰이 생각해 보세요.

글쓴이 **조영경**

차 례

제1장 초등학생 때 공부해야 하는 이유

01 중·고등학교 공부쯤은 문제없게 돼 |8|

02 외모보다 더 괜찮은 평가를 받을 수 있어 |16|

03 아이스크림 고르듯 대학을 골라갈 수 있어 |22|

04 언제나 당당하고 자신만만할 수 있어 |28|

05 세 번의 기회를 모두 잡을 수 있어 |36|

06 아는 게 많으면 정말 먹고 싶은 것도 많아져 |44|

07 많은 사람들이 너를 기억할 수 있게 돼 |52|

08 가족이 행복해질 수 있어 |60|

09 더 빨리 부자가 될 수 있어 |68|

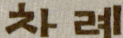

차례

10 남보다 좋은 **정보를 빨리 얻을 수 있어** |76|

11 좋은 성적표 말고도 **얻을 수 있는 게 있어** |84|

12 **실패할 확률이 적어져** |92|

13 **외국**에 나갈 기회가 많아져 |100|

14 **상대방의 마음**을 움직일 수 있어 |106|

15 가만히 앉아서 **세계 여행**을 할 수 있어 |114|

16 쓰면 쓸수록 **더 좋아지는 머리** |120|

17 내가 **나라의 힘**을 키울 수 있어 |128|

제2장 과목별 공부 이유와 공부 방법

국어 / 영어 / 수학 / 사회 / 과학 |138|

제1장

초등학생 때
공부해야 하는
이유

01 중·고등학교 공부쯤은 문제없게 돼

하은이 별명은 '아이큐 200'입니다. 골치아픈 수학이든, 지루한 과학이나 재미없는 사회든 하은이는 한번 들으면 잊어버리지 않는지 죄다 척척입니다. 다른 아이들은 학원에 다니면서까지 공부를 하는데, 하은이는 그냥 며칠 훑어보고 경시대회에 나가면 못해도 동상입니다.

"하은이는 좋겠다. 머리가 좋으니까 공부 안 해도 되고……."

"그러게 말이야. 저렇게 머리가 좋으니 중학교, 아니 대학 입학도 문제없을 거야. 그런데 하은이에 비하면 정수는 좀 불쌍하지 않니?"

같은 반의 정수는 하은이와 어려서부터 같은 동네에 살았기 때문에 잘 알고 지냅니다. 정수도 하은이만큼은 아니지만 공부를 곧잘 합니다. 다른 점은 정수는 공부를 열심히 해서 성적이 좋다는 겁니다. 숙제도 빠짐없이 하는 것은 물론, 예습에 복습까지 철저히 합니다. 저렇게 공부하면 누가 못해, 하는 생각에서인지 아이들은 열심히 공부하는 정수보다 놀면서도 성적이 좋은 하은이가 더 똑똑하다고 생각합니다.

"정수는 무슨 수능 공부하는 것도 아니고, 뭘 저렇게 열심히 하냐?"

"하은아, 정수 원래 저렇게 공부만 하던 아이야?"

아이들 말을 듣고 보니 하은이도 조금 이상하기는 했습니다.

"아니, 예전에는 나랑 만날 놀러 다녀도 공부 잘했는데…… 그리고 보니 진짜 이상하네. 6학년이 되고서 갑자기 저러는 것 같아."

"야야, 괜한 애 때문에 시간 낭비 말고, 이번 겨울방학이 초등학교 마지막 방학인데 우리 뭐할까?"

"뭐하기는! 신나게 놀아야지."

"맞아. 졸업파티랑 각자 다른 중학교에 가면 보지 못할 테니까 이별파티도

해야지."

하은이와 친구들은 신이 나서 떠들었습니다. 계획을 짜다 보니 겨울방학이 짧을 지경이었어요.

"중학교에 가면 놀지도 못하고 학원만 다니게 될 거야. 그 전에 실컷 놀아 두자!"

겨울방학이 되자 하은이는 거의 매일 친구들과 놀러 다녔습니다. 보다 못한 엄마가 가끔 잔소리를 늘어놓았지만 하은이는 신경도 쓰지 않았습니다.

중학교 공부는 그 때 가서 열심히 하면 되니까요.

어느 날, 하은이는 친구들과 놀다 들어오는 길에 저만치 앞서 걸어가는 정수를 보았습니다.

"정수야!"

"어, 하은아!"

"정수 맞구나. 어디 갔다 와?"

"응, 학원에."

"학원? 무슨 학원? 피아노? 미술? 영어?"

하은이가 묻자 정수는 씩 웃으며 말했습니다.

"중학교 거 미리 공부 좀 해 두려고."

"입학도 안 했는데 벌써 중학교 공부 타령이야? 어이구, 중학교에 가면 만날 1등하겠다?"

하은이는 괜히 심술이 났습니다. 엄마에게 잔소리 듣는 것도 짜증나는데,

정수가 공부하는 게 왠지 불안하기도 했습니다. 하은이는 속으로 중얼거렸습니다.

'쳇! 그래, 열심히 해 봐라. 나보다 머리도 나쁘면서. 나도 중학교에 가면 열심히 할 거야.'

새봄이 오고 하은이와 정수는 나란히 중학생이 되었습니다. 몇 달 지나서 시험도 보았습니다.

성적표를 받던 날, 하은이는 깜짝 놀랐습니다. 시험 점수는 물론이고 반에서 몇 등인지, 전교에서 몇 등인지까지 다 나와 있습니다. 하은이는 성적표의 이름을 몇 번이나 확인했습니다.

"헉, 이게 뭐야. 이게 진짜 내 성적표야? 내 거 맞아?"

하은이는 도저히 집으로 들어갈 수 없어서 동네 놀이터 그네에 앉아 한숨만 쉬었습니다.

"초등학교 때 일등은 도맡다시피했는데, 이게 뭐야. 내가 이 정도밖에 안 되는 거야?"

하은이는 엄마도 엄마지만 자신에게 너무 실망했습니다.

"하은아, 여기서 뭐해?"

정수였습니다. 하은이는 얼른 성적표를 감췄습니다.

"오랜만이다. 그 동안 잘 지냈어?"

"응……. 아니, 사실은 하나도 잘 지내지 못했어."

하은이는 풀이 잔뜩 죽어 대답했습니다.

"왜?"

하은이는 긴 한숨을 쉬고 답답한 속내를 털어놨습니다.

"성적표를 받았는데 엉망이야. 작년까지만 해도 공부 잘했는데 갑자기 왜 이러는지 모르겠어."

하은이 말에 정수는 입맛을 다시며 대답했습니다.

"쩝, 너도 '왕년에' 병에 걸렸구나? 우리 오빠가 그 병에 걸려서 엄청 고생했는데."

"엉? 무슨 소리야?"

"우리 오빠가 초등학교 때는 그야말로 전교에서 날렸잖니! 전교 회장도 하고."

"응, 유명했지. 웬만한 경시 대회 상은 오빠가 다 받았잖아. 학교뿐만 아니라 전국 대회에서도 상을 받았잖아."

"그랬지. 그런 오빠가 중학교에 가더니 곤두박질치는데, 햐~! 정말 끝이 안 보이더라."

그러고 보니 하은이는 예전에 정수 엄마가 엄마랑 이야기하면서 정수 오빠 때문에 걱정이라고 하던 소리가 기억났습니다. 판사를 하네, 의사를 하네 하던 오빠였는데, 중학교에 가서는 성적이 계속 떨어져서 걱정이라고 말이에요.

"그런데 '왕년에' 병이 뭐야?"

하은이가 묻자 정수는 씩 웃으면서 말했습니다.

"오빠가 머리 좋다는 소리만 믿고 공부를 별로 안 했어. 그런데 중학교에

가서 성적이 떨어지니까 공부를 하기는 했는데 잘 안 되나 봐. 공부도 하던 가락이 있어야지, 갑자기 하려니까 되겠냐?"

하은이는 왠지 남 이야기 같지 않아 귀를 기울였습니다.

"성적은 안 오르고 공부는 힘들고, 그러니까 매일 투덜대는 거야. '야, 나도 왕년에는 전교 1, 2등을 다퉜는데.' '나도 왕년에는 조회 시간마다 상장 받았는데.' 하면서 말이야. 그러면 뭐하냐고, 지금은 영 아닌걸."

정수 말에 하은이는 가슴이 뜨끔했습니다.

"하루는 오빠가 나를 붙잡고 하는 소리가 '왕년에' 병에 걸리지 않도록 초등학교 때부터 조심하라고 하더라. 중학교에 가면 초등학교 때보다 수업 내용이 어려워져서 공부를 더 많이 해야 한대. 그런데 오빠는 머리만 믿고 초등학교 때 공부를 안 해서 뭘 어떻게 해야 할지 모르겠다고 하더라고. 오빠가 힘들어하니까 나도 조금씩 공부를 해야겠다는 생각이 들더라. 중학교에 가면 대부분 초등학교 때보다 성적이 떨어진다고 하는데, 나는 오빠 충고 덕분에 다행히 떨어지지는 않았어."

정수 말에 하은이는 한숨을 푹 쉬었습니다. 아무래도 자신이 '왕년에' 병 초기 같았습니다.

"그랬구나. 그러면 나도 그 병에 걸린 거구나. 에휴~ 넌 좋겠다, 오빠가 있어서. 부럽다, 부러워. 나도 너처럼 오빠가 있었다면 지금 이렇게까지 한심스럽지는 않을 텐데……."

하은이 말에 정수는 씩 웃었습니다. 정수는 하은이 어깨를 토닥이며 말했습니다.

"대신 나처럼 좋은 친구가 있잖니. 나는 이렇게 좋은 친구를 둔 네가 부럽다, 부러워. 크크크……."

정수의 농담에 하은이도 씩 웃었습니다.

"병명을 아니까 치료 방법도 알겠지?"

"그럼. 우리 오빠는 병이 깊었기 때문에 고치는데 고생 좀 했지만, 너는 초기니까 쉬울 거야. 가자!"

정수는 하은이 손을 끌고 집으로 향했습니다. ★

습관을 들여야 하는 이유

한 사내가 하루에 벽돌 열 장씩 쌓아 담을 쌓기로 했습니다. 매일 벽돌을 쌓다 보니 익숙해져서 벽돌 쌓는 시간이 점점 줄었어요. 그래서 하루에 벽돌 스무 장까지 쌓을 수 있게 되었습니다.

그러자 꾀가 나기 시작했어요. 사내는 벽돌 스무 장을 한꺼번에 쌓고 이튿날 놀았어요. 그리고 그 이튿날에도 벽돌을 쌓지 않았습니다. 사내는 느긋했습니다. 다음 날 스무 장을 한꺼번에 쌓으면 되니까요.

그렇게 하루하루 미루다 보니 쌓아야 할 벽돌이 많아졌습니다. 하루에 열 장 쌓는 것도 귀찮아진 사람이 한꺼번에 수십 장을 쌓는 것은 무리였습니다. 게다가 실력도 예전 같지 않아 하루에 열 장 쌓는 것도 힘들어졌어요. 며칠을 고생해서 겨우겨우 하루에 열 장 쌓는 것이 익숙해졌습니다. 하지만 그 동안 밀린 일을 하려면 하루 종일 벽돌 쌓는 일에만 매달려야 했습니다.

여러분은 긴 방학이 끝나고 개학을 했을 때, 어떤가요? 학교 다니는 동안은 학교 생활에 맞게 습관을 들였기 때문에 문제없었지만, 대부분 방학 동안의 자유로운 생활 때문에 개학하고 며칠은 아침에 일어나 학교에서 수업받는 것이 힘들 것입니다.

앞에 벽돌을 쌓던 사람도, 그리고 방학 내내 자유로운 생활을 한 친구들도 하던 일을 다시 몸에 익숙하게 만드는 데 시간이 필요합니다. 사내가 계속 벽돌을 쌓았다면, 방학 동안에도 규칙적인 생활을 했다면 시간을 낭비하거나 할 필요가 없겠지요.

이렇듯 공부도 습관입니다. 몸에 길들여 놓아야 합니다. 점점 학년이 올라갈수록 공부할 양이 많아지고 어려워집니다. 공부하는 습관을 꾸준히 들여 놓지 않으면 게으른 벽돌 쌓는 사람의 처지가 될 수도 있습니다.

02 외모보다 더 괜찮은 평가를 받을 수 있어

준수는 요즘 좋아하는 여자아이가 생겼습니다. 성은이입니다. 왠지 성은이만 보면 기분이 좋고 가슴이 설렙니다. 하지만 성은이에게 말도 못 붙이고 있습니다. 왜냐하면 성은이에겐 좋아하는 아이가 따로 있으니까요. 바로 태민이입니다. 준수는 태민이를 별로 좋아하지 않습니다. 태민이가 특별히 잘못한 것도 없는데 말이에요.

"쳇, 저런 녀석이 뭐가 좋다고 저러지? 꼭 샌님처럼 하얘 가지고. 운동도 못하고, 춤도 못 추는데……."

태민이는 키도 별로 안 크고 그렇게 잘생긴 편도 아닙니다. 운동도 잘하는 편이 아닙니다. 대신 공부를 아주 잘합니다. 그래서 선생님에게 귀여움을 많이 받고 여자아이들에게도 인기가 많습니다. 밸런타인데이를 비롯해 빼빼로데이며 무슨 데이만 되면 태민이 책상에는 선물이 가득합니다.

준수는 운동을 잘합니다. 춤도 잘 추고, 가수라고 불릴 정도로 노래도 잘합니다.

"좋아, 소풍 때 보자고. 누가 더 멋진 사나이인지 전교생 앞에서 보여 줄

테니까."

 드디어 소풍날, 준수는 지금까지 갈고 닦은 실력을 발휘할 생각에 마음이 들떴습니다.
 드디어 장기 자랑 시간이 되었습니다.
 몇몇 아이들의 순서가 끝나고 태민이 순서가 되었습니다. 태민이는 친한 친구랑 둘이서 듀엣을 했습니다. 노래도 그저 그랬고 춤도 그저 그랬습니다. 그 때 옆에 앉은 여자아이들의 이야기 소리가 들렸습니다.
 "얘, 쟤가 태민이라면서? 공부도 아주 잘한대."
 "정말? 어쩐지… 역시, 공부를 잘하면 못하는 게 없다니까."

'쳇, 태민이가 이 정도면 내가 나가면 완전히 난리나겠다.'
준수는 코웃음을 쳤습니다. 드디어 준수 차례가 되었습니다. 준수는 요즘 최고로 인기 있는 가수의 노래를 멋진 춤과 함께 선보였습니다. 기대했던 대로 많은 박수를 받았습니다.
'이 정도면 성은이도 놀랐겠지?'
준수는 어깨가 으쓱해졌습니다. 자리로 들어오는 길에 뒤에서 여자아이들이 수군대는 소리를 들었습니다.
"어머, 쟤 아까 춤추던 애 아냐?"
"정말! 진짜 잘하더라."
준수는 또 무슨 소리를 할까 궁금했습니다.
"근데 아까 남자 애 둘이서 노래했잖아. 그 중에 안경 낀 애는 공부를 아주 잘한대. 거의 천재라고 하던데?"
"그래? 어쩐지, 잘하더라."
여자아이들이 태민이 이야기를 하자 준수는 고개를 저었습니다.
'쳇, 하여간 여자들이란 이랬다저랬다 알 수가 없단 말이야.'
소풍에서 돌아온 며칠 후, 준수는 성은이에게 고백하기로 결심했습니다. 수업을 마치고 돌아가는 길에 준수는 성은이를 불렀습니다.
"성은아!"
성은이가 뒤를 돌아보았습니다.
"왜?"

 막상 얼굴을 보니 준수는 성은이를 제대로 쳐다보지도 못하고 머뭇거렸습니다.
 "저… 나, 너한테 할 말 있는데……."
 잠시 머뭇거리던 준수는 결심한 듯 말했습니다.
 "나… 너 좋아해!"
 준수는 용기를 내어 고백했는데, 성은이의 반응은 시큰둥했습니다.
 "난 태민이 좋아해."
 준수는 속으로 역시나, 하는 생각이 드는 한편 울컥했습니다.
 "야, 내가 태민이보다 못한 게 뭐냐? 태민이가 나보다 키가 커? 잘생겼어? 운동을 잘해? 춤을 잘 추냐, 노래를 잘하냐?"

준수 말에 성은이는 똑부러지게 말했습니다.

"태민이는 공부를 잘하잖아."

"뭐?"

준수는 화가 났습니다.

"내가 공부를 못해서 싫다는 거야? 너는 성적으로 사람을 평가하냐? 실망이다, 정말."

"물론 성적이 다는 아니야. 하지만 넌 공부는 뒷전이잖아. 태민이는 적어도 학생으로서 해야 할 일은 한다고. 태민이가 안 해서 그렇지, 하기만 하면 너 정도 못할 거 같아? 그리고 너야말로 사람 외모로 평가하지 마."

성은이는 그렇게 말하고 뒤도 안 돌아보고 갔습니다.

"야! 입은 삐뚤어졌어도 말은 바로 하랬다고, 태민이가 낫기는 뭐가 나아! 나야말로 안 해서 그렇지, 하면 걔보다 훨씬 잘해, 알아?"

준수는 괜히 성은이 뒤에다 대고 화풀이를 해댔습니다. ★

외모지수 100포인트 상승!

🌷 **성실한 사람은 대부분 책임감이 강합니다.** 책임감이 강한 사람은 주위 사람들에게 믿음을 주죠. 따라서 성실한 사람은 믿음직한 사람으로 인정받기 마련입니다.

시험 성적이 좋은 학생들은 대부분 성실합니다. 왜냐하면 정말 뛰어난 천재를 제외하고, 공부는 꾸준히 해야만 좋은 성적을 거둘 수 있으니까요. 그래서 학교에서의 우등생이 사회에서도 우등생이 될 확률이 높다고 해요.

물론 성적이 좋은 사람이 모두 성실하다고는 할 수 없습니다. 또 성적이 나쁜 사람이 모두 불성실하다고도 할 수 없습니다. 하지만 확률적으로 성적과 성실은 비례하기 때문에 성적에 따라 사람들의 보는 눈이 달라지는 것이 사실입니다.

그래서인지 대학생이 별로 없었던 옛날에는 대학생이라면, 특히 서울대학교를 다닌다고 하면 언제 어디에서나 대접을 받았습니다. 외모 따위는 문제가 아니었습니다. 심지어 잘못을 하거나 실수를 해도 쉽게 용서를 받았어요. 그렇기 때문에 서울대학교 배지를 달고 다니며 가짜 대학생 노릇을 하는 사람도 있었답니다.

솔직히 조금 부족한 부분이 있더라도 일류대학교를 다닌다든지 공부를 잘한다고 하면 부족한 점이 잘 티가 나지 않습니다. 부족한 점은 덮어 주게 되고 오히려 작은 일에도 '역시!' 하고 감탄하게 됩니다. 이렇듯 공부를 잘한다고 하면 일단은 호감을 갖게 되는 것이 보통입니다.

그것은 일등이나 꼴등이라는 성적만으로 평가하는 것이 아닙니다. 많은 지식을 가지고, 성실하게 노력하는 사람이라는 인상을 주기 때문에 꽤 괜찮은 평가를 받게 되는 것입니다.

03 아이스크림 고르듯 대학을 골라갈 수 있어

 요즘 도한이네 집 분위기는 장난이 아닙니다. 큰누나가 고등학교 3학년이거든요.

 엄마는 누나가 좋아하는 반찬만 해 주고, 아빠는 누나가 공부한다며 텔레비전도 잘 못 보게 합니다.

 지난 번에 누나 학교에서 학부모 면담이 있다고 해서 엄마가 집을 비우는 바람에, 도한이는 간식도 못 먹고 학원에 가야 했습니다.

 "쳇, 고3이 무슨 벼슬이야? 매일 우리 도희, 우리 도희. 나는 뭐냐구!"

 그러던 어느 날이었습니다. 도한이가 학원에서 돌아와 보니 집안이 조용했습니다.

 "어라? 아무도 없나? 엄마!"

 도한이는 안방 문을 열어 보았습니다. 엄마가 누워 계셨습니다.

 '주무시나?'

 도한이는 문을 살짝 닫고 누나 방문을 열어 보았습니다. 잠겨 있었습니다.

 '에? 뭐야. 또 성적표 나왔구나.'

도한이는 어깨를 으쓱거렸습니다. 누나 성적표가 나오는 날이면, 게다가 누나 성적이 떨어진 날이면 늘 이렇습니다. 이럴 때는 그냥 아무 말 없이 가만히 있는 게 상책입니다.

"에휴, 그 놈의 대학이 뭔지……."

도한이는 저도 모르게 한숨을 쉬고 과자 한 봉지를 들고 텔레비전 앞에 앉았습니다. 텔레비전 볼륨을 낮추고 만화 영화를 보았습니다.

그런데 갑자기 안방 문이 벌컥 열리면서 엄마가 나오셨습니다. 도한이는 깜짝 놀라 과자를 먹다 말고 엄마를 쳐다보았습니다.

엄마는 무시무시한 목소리로 소리쳤습니다.

"너, 지금 뭐하는 거야? 과자 흘리면 엄마가 청소하기 힘들다고 했지! 그리고 지금 텔레비전 볼 때야? 숙제 다 했어? 너도 누나처럼 대학이고 뭐고 안 갈 거야?"

도한이는 순식간에 일어난 일에 그저 멍하니 엄마 얼굴만 바라보았습니다. 그리고 침을 꼴깍 삼키고는 주섬주섬 과자 부스러기를 모았어요. 그 모습을 본 엄마 목소리가 더 커졌습니다.

"도대체가 왜 그런지 모르겠어. 그렇게 하지 말라는 거는 하고, 하라는 건 안 하고. 도희도 그래. 진즉에 공부하라고 할 때 했으면 얼마나 좋아. 고3 되어 정신 차려봤자 그게 되냐고!"

엄마는 많이 속상한지 계속 혼잣말을 하면서 부엌으로 갔습니다. 도한이는 엄마 눈치를 슬슬 보면서 공부하는 시늉을 했습니다.

'고래 싸움에 새우 등 터진다고, 괜히 나한테 짜증이야.'

도한이는 속으로 중얼거렸습니다. 도대체 이 놈의 공부가 뭔지, 그 놈의 대학이 뭔지, 왜 여러 사람을 괴롭히는 건지 모르겠습니다.

저녁 식사 시간에 아무도 말을 하지 않았습니다.

'밥이 입으로 들어가는지 코로 들어가는지 모르겠다. 이러다 딱 체하기 쉽지.

누나는 왜 시험을 엉망으로 봐서 이 난리를 피우는 거야, 정말.'

도한이는 힐끗 누나 얼굴을 쳐다보았습니다. 많이 울었는지 눈이 퉁퉁 부었습니다. 그걸 보니 조금 안됐다는 생각이 들었지만, 그래도 어쨌든 누나 때문에 집안 분위기가 무거워진 거 같아서 은근히 화가 났습니다.

식사를 마치고 누나는 바로 방으로 들어가 버렸습니다. 엄마와 누나 사이에서 눈치만 보고 있는 도한이에게 엄마가 말했습니다.

"누나한테 과일 좀 갖다 줘. 공부하는 데 괜히 방해하지 말고."

도한이는 과일 접시를 들고 누나 방문을 두드렸습니다.

"누니, 이기 먹어."

누나 책상 옆에 슬그머니 접시를 밀어 넣었습니다. 공부를 하던 누나는 도한이를 보고 씩 웃었습니다.

"고마워. 괜히 누나 때문에 너 좋아하는 만화도 못 봤지?"

도한이는 입을 삐죽 내밀었습니다. 속으로 '아니 다행이다.' 하고 중얼거렸습니다.

"미안해. 엄마가 누나 때문에 화나서 그러셔. 이번 모의고사를 망쳤거든. 미리미리 공부 좀 해 둘 걸. 갑자기 공부하려고 하니 마음대로 안 되네."

누나는 깊은 한숨을 쉬었습니다. 두 눈에 눈물이 글썽였습니다.

막상 누나 얼굴을 보니 도한이는 엄마가 너무한다 싶기도 했습니다.

"누나가 공부를 안 하는 것도 아니잖아. 그리고 대학은 꼭 가야 해? 대학에 안 가도 잘만 살더라. 저번에 텔레비전 보니까 대학 안 나왔어도 돈 잘 벌고

훌륭한 일 하는 사람만 많더라."

도한이 말에 누나는 고개를 가로저었습니다.

"물론 대학이 다는 아니지만, 인정을 받으려면 스스로 노력도 해야 하고, 그 결과를 보여 줄 수도 있어야 해. 그 첫 단계가 대학이라고, 이 맹꽁아."

누나는 웃으면서 도한이 볼을 살짝 꼬집었습니다.

"누나가 딱 도한이 때로 돌아간다면 정말 열심히 공부할 텐데. 그러면 누나가 가고 싶은 대학, 가고 싶은 과를 골라서 갈 수 있을 거야. 마치 아이스크림 가게에서 아이스크림 고르듯이 말이야. 그런데 그건 불가능하겠지? 지금 후회해 봤자 소용없으니까 지금이라도 열심히 해야지."

"알았어, 누나."

도한이는 누나 방문을 닫고 나왔습니다. ★

대학은 인생의 첫 입장권이다

해마다 입시 때가 되면 온 나라가 난리입니다. 수학능력고사를 치르는 날은 어른들의 출근시간도 늦춰지고, 듣기 평가를 보는 시간에는 비행기도 뜨지 않는다고 해요.

대학이 무엇이기에 해마다 이런 난리를 치르는 걸까요? 대학은 흔히 인생의 첫 입장권이라고 합니다. 좋은 대학을 나오면 취직할 때도 유리하고, 사회에서 인정을 받을 수도 있기 때문입니다.

직장에 다니는 어른들 가운데 다시 공부하는 사람들이 있습니다. 야간 대학에 다니거나 아예 다니던 직장을 그만두고 대학이나 대학원에서 공부하는 사람도 있어요. 그 이유는 사회에서 학력에 따라 차별을 받기 때문입니다. 월급은 물론 승진하는 데에도 학력은 기준이 됩니다.

뿐만 아니라 **대학은 직업을 선택하는 데에도 중요합니다.** 예를 들어 의사가 되려면 의대를 다녀야 하고, 선생님이 되려면 교육 대학을 졸업해야 합니다.

물론 대학을 나오지 않고도 성공한 사람들은 많습니다. 실력으로 승부해서 최고의 자리에 오른 사람들도 적지 않습니다. 하지만 뉴스거리가 된다는 것은 그만큼 드문 일이라는 뜻입니다. 다시 말해 대학을 나오지 않은 사람이 대학 나온 사람보다 성공하려면 몇 배, 몇 십 배는 더 노력을 해야 합니다.

아직까지 우리 사회는 좋은 대학을 나온 사람들이 정치, 경제, 문화 등 여러 분야에서 최고의 위치를 차지하고 있습니다. 실력으로 승부한다고는 하지만, 그 실력의 잣대가 되는 것이 대학입니다.

'행복은 성적순이 아니잖아요'라는 말이 유행한 적이 있습니다. 맞아요. 행복은 '반드시' 성적순은 아닙니다. 하지만 행복해질 수 있는 가능성을 조금이라도 높이는 데 대학은 중요한 조건입니다.

 # 언제나 당당하고 자신만만할 수 있어

선주는 지난 주부터 수영을 배웁니다. 엄마가 살이 쪘다면서 억지로 등록을 시켜 버렸어요. 하지만 선주는 그렇게 심한 비만은 아닙니다. 엄마의 목적은 다른 곳에 있었습니다.

급식 당번을 하려고 학교에 갔을 때, 엄마는 가슴이 덜컹내려앉았습니다. 다른 아이들은 친구랑 같이 모여 밥을 먹는데, 선주 혼자 덩그러니 점심을 먹고 있는 거예요.

'아니, 혹시 우리 애가 따돌림당하는 거 아냐?'

엄마는 차마 선주에게 물어보지는 못하고 대신 선주 생활을 가만히 살펴보았습니다.

새 학년이 된 지 꽤 지났는데 선주네 반 아이에게 전화가 온 적이 한 번도 없었습니다.

"선주야, 새 친구 안 사귀었어?"

엄마가 그렇게 묻자 선주는 퉁명스럽게 대답했습니다.

"뭐, 나처럼 별볼일없는 애한테 무슨 친구가 있겠어요. 예쁘기를 하나,

특별히 잘하는 게 있나, 그렇다고 공부를 잘하나."

 엄마는 선주가 점점 자신감을 잃고 스스로를 나쁘게만 생각하는 것 같아서 운동을 하면 성격도 밝아지고 친구도 많이 사귀지 않을까 해서 억지로 등록시킨 것입니다.

 그런데 선주는 스포츠 센터에 가는 것을 싫어합니다. 채연이 때문입니다. 채연이는 같은 반 친구로, 얼굴도 예쁘고 날씬합니다. 뭐든 자신만만하고 늘 환하게 웃는 채연이를 보면 선주는 샘이 납니다.

 어느 날, 탈의실에 채연이가 여느 때와 마찬가지로 아이들 여러 명이랑 함께 들어왔습니다. 채연이는 뭐가 그렇게 재미있는지 아이들과 시끄럽게 떠들어 댔습니다.

"어머, 선주야!"

"어, 왔나?"

선주는 얼버무리듯 인사를 했습니다.

"채연이 친구야? 처음 보는데?"

한 아이가 물었어요.

"으응… 이번 주부터 다녀. 난 초급반이야."

선주 목소리가 점점 기어들어갔습니다.

"일주일밖에 안 됐으면 당연히 초급반이지. 나도 초급반이야."

채연이가 말하자 한 아이가 웃으며 말했습니다.

"그런데 채연아, 오늘은 어떻게 호흡하는 거 할 수 있겠어? 지난 번에 물

엄청 먹었지?"

"그러게 말이야. 공부는 잘한다면서 수영은 어째 영 아닌 거 같아."

아이들이 장난을 걸자 채연이가 짐짓 심각한 얼굴로 말했습니다.

"음, 내가 못하는 게 아니야. 두 걸음 전진을 위해 잠시 주춤한다고나 할까?"

채연이 말에 아이들은 또 까르르 웃었습니다. 선주는 입을 삐죽였습니다.

'치, 못하는 게 무슨 자랑이라고.'

선주는 모른 척하고 수영장으로 들어갔습니다.

그런데 선주네 반 수영 선생님이 사정이 있어 결근을 하는 바람에 채연이네 반과 합반을 하게 되었습니다.

'어휴, 오늘은 계속 부딪치네.'

선주는 입을 삐죽 내밀었습니다.

선주는 계속 채연이와 같이 강습을 받던 어느 날, 호흡하는 것을 배우기로 했어요. 선생님이 아이들을 모아놓고 설명했습니다.

"고개를 오른쪽으로 돌려 물 밖으로 내 놓으면서 파! 공기를 들이 마시고 다시 얼굴을 물에 담그면서 코로 숨을 내뿜으며 음! 다시 파~! 알겠어요?"

선생님은 아이들 한 명 한 명을 지도해 주었습니다. 채연이 차례였어요.

"그래, 채연아. 그거야. 이제 되는구나. 지난 번에는 물만 잔뜩 먹더니, 이제 잘하네."

선생님이 채연이 볼을 꼬집었습니다.

이번에는 선주 차례입니다. 선주는 채연이가 잘하는 것을 보자 조금 긴장이 되었어요.

'치, 쟤는 못하는 게 없네. 공부를 잘하니까 머리가 좋아서 그런가?'

딴 생각을 해서인지 선주는 그만 물을 먹고 말았어요.

"켁켁, 엄마야!"

콧물에 눈물에 기침까지, 너무 힘들었습니다. 선주는 잔뜩 인상을 썼습니다.

'씨, 이렇다니까. 내가 하는 게 다 그렇지 뭐.'

그 날 강습은 엉망이었어요. 선주는 대충 샤워를 하고 나왔습니다. 채연이가

또 따라와 아는 체를 했습니다.

"선주야, 같이 가."

선주는 싫다고 말하기도 귀찮아 그냥 두었어요. 채연이는 선주 얼굴을 살피며 물었습니다.

"괜찮아? 물 먹으면 엄청 힘들지? 나도 지난 주까지 거의 한 달 동안 물만 먹었어."

채연이 말에 선주는 툴툴거리며 대답했습니다.

"어쨌든 지금은 잘하잖아. 네가 한 달 동안 물 먹었으면, 나는 한 석 달은 먹어야겠다."

"무슨 말이야?"

채연이가 물었습니다.

"꼴등이 일등을 어떻게 따라가겠냐고. 일등하는 애가 한 달만에 한 걸, 나 같은 애가 언제 따라가겠니? 안 그래?"

"선주야, 왜 그렇게 자신감이 없어?"

채연이가 갑자기 내뱉은 말에 선주는 발걸음을 멈추었습니다.

"뭐?"

"오늘 처음 호흡하는 거 배운 건데 물 먹을 수도 있지, 그걸 가지고 뭘 그렇게 공부 얘기까지 들먹이냐?"

"그래, 넌 뭐든 잘하니까 그런가 보다. 공부도 잘하고, 수영도 잘하고 말이야. 난 뭐든 못해서 자신감도 없어."

그쯤 되자 채연이 목소리도 커졌습니다.

"너, 아까부터 공부 공부 하는데, 그래, 네 말이 맞아. 난 공부를 잘하니까 다른 것도 다 잘해. 다른 일도 공부하는 것처럼 열심히 하면 성적이 좋을 테니까. 그걸 아니까 난 노력만 하면 뭐든지 일등할 수 있어. 적어도 처음부터 안 된다고 너처럼 포기하거나 투덜대지는 않아. 흥!"

채연이가 픽 토라져 먼저 걸어갔습니다.

"그래, 아는 거 많아서 좋겠다!"

선주는 채연이 등에다 대고 소리쳤어요. 채연이는 그대로 뒤도 안 돌아보고 갔습니다.

"잘났어 정말. 공부 잘한다고 콧대만 높아가지고. 아휴, 짜증나."

집으로 돌아온 선주는 분이 가시지 않아 씩씩거렸습니다. 수영장에서는 물 먹고, 돌아오는 길에는 채연이에게 한방 먹은 기분이었어요.

그런데 엄마가 선주 기분도 모르고 채연이 이야기를 꺼냈습니다.

"선주야, 너 채연이랑 같은 반에서 강습받는다며? 잘 됐다. 걔, 공부도 잘하고 뭐든 열심히 한다면서. 그러니까……."

"공부 잘하면 인간성도 좋아? 채연이가 얼마나 사람을 깔보는데!"

선주는 엄마 말을 가로채 버럭 소리부터 질렀습니다. 엄마는 깜짝 놀랐습니다.

"누가 누굴 깔봐. 그리고 깔보이기 싫으면 열심히 하면 되잖아. 어디 엄마한테 신경질이야?"

엄마 말에 선주는 참았던 눈물을 쏟았습니다. 선주도 모르겠습니다. 왜 채연이나 친구들 앞에서 저도 모르게 움츠러드는지 말이에요.★

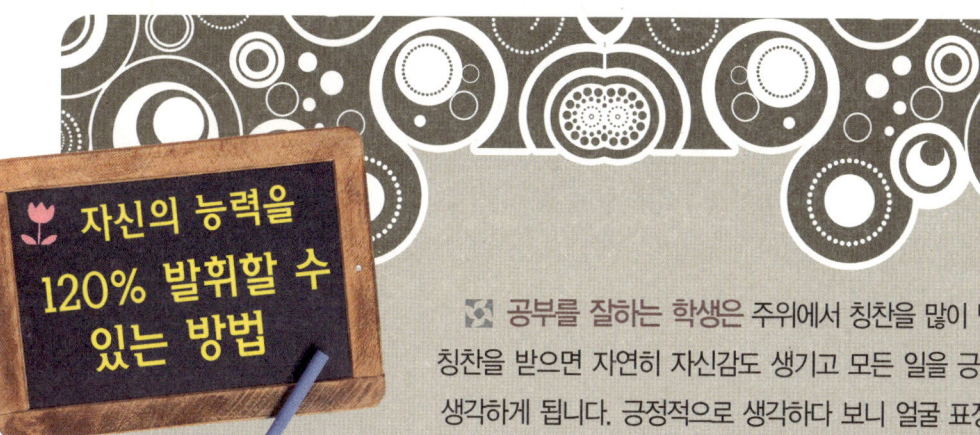

자신의 능력을 120% 발휘할 수 있는 방법

공부를 잘하는 학생은 주위에서 칭찬을 많이 받습니다. 칭찬을 받으면 자연히 자신감도 생기고 모든 일을 긍정적으로 생각하게 됩니다. 긍정적으로 생각하다 보니 얼굴 표정도 밝고 늘 즐겁죠.

하지만 반대로 공부를 못하면 자신도 모르게 위축되기 마련입니다. 자신감도 없어지고요. 자신을 믿지 못하게 되며 모든 일을 부정적으로 생각합니다. 자연히 표정도 어둡고 불안하며 늘 초조합니다. 그러다 보니 짜증도 많이 내고 모든 것이 불만스럽습니다.

자신감은 성공에 대한 확률과도 상관이 있습니다. 이것은 심리학에서도 연구된 결과입니다.

"그까짓 것 나도 할 수 있어." 하고 생각하는 사람은 자기 능력의 120%를 발휘한다고 해요. 그래서 불가능한 일도 거뜬히 해냅니다.

하지만, "과연 내가 할 수 있을까." 하고 의심하는 사람은 자기 능력의 80%도 채 발휘하지 못한다고 해요. 그래서 아주 쉬운 일도 실패하고 맙니다.

여러분이 자신감을 가질 수 있는 가장 확실한 방법은 무엇일까요? 많은 사람들에게 인정받고, 스스로도 뿌듯해할 수 있는 방법 말이에요. 그것은 아마 자신의 자리에서 최선을 다하는 일일 것입니다. 학생의 입장이라면 바로 공부겠죠. 시험 성적이 좋은 친구들이 당당한 것도 그 때문입니다.

그런데 자신감과 자만심을 착각하는 경우가 있습니다. 자만심은 얕은 실력을 뽐내거나 자신을 최고로만 여기는 것입니다. 자신감이 속이 꽉 찬 열매와 같다면 자만심은 속 빈 강정과 같습니다. 어설픈 자만심은 오히려 다른 사람에게 비웃음을 살 수도 있습니다.

속이 꽉 찬 자신감을 가지기 위해서는 지식을 쌓아야 합니다. 저금통에 저금을 하듯 차곡차곡 쌓아가면 어떠한 경우에도 흔들리지 않는 자신감을 갖게 될 거예요.

05 세 번의 기회를 모두 잡을 수 있어

"내일은 일기 검사하는 날이니까 다들 잊지 말고 일기장 가져오세요."

선생님 말에 연아는 뜨끔했습니다.

'아, 맞다! 일기. 어쩐지 뭔가 빠진 것 같다 했다.'

연아네 반은 일주일에 한 번 일기장 검사를 합니다. 그런데 연아는 늘 밀리기 일쑤입니다. 지난 주에도 한꺼번에 일기를 쓰느라 고생했습니다. 다시는 절대 밀리지 않도록 하겠다고 해 놓고서 이번 주도 역시 한꺼번에 써야 합니다.

"어쩔 수 없네. 오늘도 밤새 일기 써야겠다."

연아는 집으로 돌아와 다른 숙제는 제쳐 놓고 일기장부터 꺼냈습니다.

"월요일은 학원 갔던 거 쓰고, 화요일은 엄마랑 쇼핑한 거 쓰고, 수요일은… 수요일은 뭐 쓰지?"

연아는 머리를 쥐어짜가며 일주일치 일기를 썼습니다. 그 바람에 다른 숙제는 하지도 못했습니다.

이튿날 일기장을 걷은 선생님은 아이들에게 말했습니다.

"다음 달에 교내 백일장이 있는데, 오늘 걷은 일기장을 보고 글 솜씨가 뛰어난 사람을 우리 반 대표로 뽑을 거예요. 알겠죠?"

선생님 말씀을 듣는 순간 연아는 화가 났습니다.

'뭐야, 반 대표를 뽑는 거라면 일기를 더 잘 썼을 텐데, 왜 진작 말씀을 안 해 주신 거지? 이런 게 어디 있어.'

연아는 일기를 마구 쓴 것이 후회되었습니다.

에이, 일기를 밀려서 쓰려니까 생각이 잘 안 나네. 대충 쓰자.

급식을 먹으면서 연아는 단짝 친구인 현주에게 투덜댔습니다.

"야, 반 대표는 당연히 문예반인 내가 되어야 하는 거 아니냐? 특별활동 하는 애들이 글을 더 잘 쓸 거 아니냐고."

"뭐, 선생님도 생각이 있어서 그러시겠지. 네가 참아."

현주는 달걀말이를 입에 쏙 넣으면서 말했습니다.

"백일장 나갈 대표를 뽑을 거라면 미리 말씀을 하시지. 이번 일기 쓴 것을 보고 대표를 뽑겠다니 말이 돼? 어휴, 난 이번에도 일기 밀려서 엉망으로 썼단 말이야. 꼭 내가 엉망으로 쓸 줄 알고 그렇게 정하신 거 같아. 혹시 선생님이 나를 미워하시나?"

연아 말에 현주는 어이없다는 듯이 말했습니다.

"선생님이 네가 일기를 밀렸는지 어쨌는지 어떻게 아시냐? 그리고 네가 정말 실력이 좋다면 아무리 엉망으로 써 내도 기본은 있을 거 아냐. 걱정 마."

"하긴."

연아는 현주 말을 듣고 짐짓 안심했습니다.

하지만 반 대표로는 진섭이가 뽑혔습니다. 선생님은 진섭이 일기를 칭찬해 주었습니다.

"진섭이는 일기를 아주 열심히 썼어요. 글씨도 또박또박 잘 썼고 사실감 있게 아주 잘 썼어요. 그래서 이번 백일장에 우리 반 대표로 진섭이가 나가게 되었어요."

아이들은 박수를 보내 주었지만 연아는 그러지 못했습니다. 가슴이 답답하고 약이 올랐습니다.

'말도 안 돼. 어떻게 갑자기 일기 검사를 하고 반 대표를 뽑을 수 있어? 분명히 뭔가 있을 거야.'

연아는 수업이 끝나자마자 진섭이에게 다가갔습니다.

"야, 축하한다. 반 대표 된 거."

"응, 고마워. 연아는 문예반이라서 글짓기 잘할 텐데, 어떻게 기회가 나한테 왔네."

진섭이는 겸연쩍게 웃으면서 말했습니다.

"뭐, 실력으로 안 되는 것도 있지. 예를 들면 엄마 치맛바람이나 뭐 그런 거 말이야."

"엉? 그게 무슨 말이야?"

진섭이는 되물었습니다.

"그렇잖아. 나는 문예반에다가 작년에 백일장에서 상도 받았는데 내가 반 대표가 안 된 게 오히려 이상하지 않아? 거기다가 지난 주에 너희 엄마 학교에 오셨잖아. 그 때 선생님 뵀나 보지, 뭐."

진섭이는 얼굴을 찡그렸습니다.

"너, 뭔가 착각하나 본데, 지난 주에 우리 엄마가 오신 건 급식 당번하러 오신 거야. 그런데 뭐? 치맛바람? 너, 글짓기 대표 때문에 그러는 거냐? 그러게 일기를 잘 쓰지 그랬냐? 일기를 잘 썼으면 네가 대표가 되었을 거 아냐?"

"그래, 잘났어. 어쨌든 잘해 봐라, 흥."

연아는 콧방귀를 끼고 자리를 떠났습니다. 아무리 생각해도 갑자기 글짓기 대표를 뽑은 것은 옳지 않다고 생각했습니다.

이튿날 수학 시간이었습니다. 담임선생님이 교육청에 일이 있어서 가는 바람에 연아네 반 오전 수업은 교감선생님이 대신 하게 되었습니다. 교감선생님의 수업 방식은 담임선생님이랑 조금 달랐습니다. 담임선생님은 한 문제 한 문제 다 풀어 주고 설명해 주는데, 교감선생님은 설명만 해 주시고 문제는 학생들이 풀도록 했습니다.

"이번에는 3분단, 나와서 풀어 보세요."

선생님 말에 아이들은 칠판 앞으로 나갔습니다. 연아도 투덜대면서 나갔습니다.

'뭐야, 수업은 안 하고 계속 시키기만 하고…….'

다섯 명이 나란히 서서 문제를 풀었습니다. 연아는 앞이 까마득했습니다.

"지난 시간에 선생님이 숙제로 내 주신 부분이라고 하니까 그리 어렵지는 않을 거예요."

교감선생님 말에 연아는 얼굴을 찡그렸습니다.

'어휴, 일기 숙제하느라 수학 숙제 안 했는데. 다른 날은 다 하고 딱 오늘 안 했는데 걸렸네. 어떻게 하지?'

한두 명씩 아이들은 문제를 풀고 들어갔지만 연아는 칠판 앞에 선 채 진땀만 흘렸습니다.

"학생? 학생은 왜 문제 안 풀어? 모르겠나?"

교감선생님이 연아에게 물었습니다.

"저, 그게 아니라……."

"숙제 안 했어요?"

연아는 아무 말 없이 고개만 끄덕였습니다.

"이런, 숙제를 안 해 오면 쓰나. 세수는 했어요? 학생이 숙제를 안 해 온 것은 세수를 안 한 것과 똑같아요. 이런, 눈곱이 있는 걸 보니 세수도 안 했나 보네."

아이들은 키득키득 웃기 시작했습니다. 연아는 얼굴이 빨개졌어요.

'어휴, 왜 하필 교감선생님이 수업을 하셔가지고……. 선생님이 수업했으면 괜찮았을 텐데.'

연아는 얼굴을 잔뜩 찡그리고 속으로 투덜댔습니다.

"학생, 들어가요. 선생님이 풀어 줄게요."

연아는 꾸벅 인사를 하고 자리에 들어왔습니다.

교감선생님은 다른 아이들이 푼 문제를 하나하나 짚어 가며 설명해 주었습니다. 문제를 보고 있던 연아가 또 한숨을 쉬었습니다.

'어휴, 창피해. 앞 문제는 다 쉬운데 나만 재수없게 어려운 문제가 걸렸잖아. 나는 꼭 어려운 것만 걸리더라. 나는 정말 운이 안 따르는 애야.'

연아는 창피하고 속상해서 눈물을 글썽거렸습니다.★

기회는 사람을 기다리지 않는다

평생 중요한 기회는 세 번 온다는 말이 있습니다. 그 기회를 적절하게 잘 이용하면 성공한 사람이라고 할 수 있죠.

그런데 기회는 늘 준비한 사람에게 온답니다. 준비하지 않은 사람은 누가 봐도 아까운 기회를 놓치기 일쑤입니다. 또는 기회가 왔는지조차 모르고 지나쳐 버리는 경우도 있습니다.

미국 대통령 닉슨은 "대통령과 보통 사람의 차이는 누구에게나 오는 기회를 잡을 준비가 되어 있느냐 그렇지 않느냐에 불과하다"고 했습니다.

그리스에 가면 앞머리는 머리 숱이 많고 뒷머리는 대머리이며 발에는 날개가 달린 동상이 있습니다. 그 동상 아래에 이런 글자가 새겨져 있습니다.

"앞머리가 무성한 이유는 사람들이 나를 보았을 때 쉽게 붙잡을 수 있도록 하기 위함이고, 뒷머리가 대머리인 이유는 내가 지나가면 사람들이 다시는 붙잡지 못하도록 하기 위함이며, 발에 날개가 달린 이유는 최대한 빨리 사라지기 위함이다. 나의 이름은 기회이다."

이처럼 기회는 쏜살같습니다. 잘 잡히지 않습니다. 오직 준비된 사람에게만 보이고 행운을 가져다 줍니다.

기회를 잡지 못하고 남의 탓만 하는 사람들은 주로 불평이 많습니다. 자신은 운이 나쁘다고 생각하고 얼굴 표정이며 성격까지 부정적으로 변합니다. 투덜대는 친구를 좋아할 사람은 없습니다. 운 역시 불평만 늘어놓는 사람은 싫어할 것입니다.

기회는 모든 사람에게 평등하게 다가옵니다. 그 기회를 잡을 준비가 되어 있는지는 여러분의 몫입니다. 기회를 잡고 싶다면, 행운을 잡고 싶다면 늘 준비해 두세요. 준비를 잘해 놓은 사람은 기회를 좇지 않더라도 자연히 기회가 다가오기 마련입니다.

06 아는 게 많으면 정말 먹고 싶은 것도 많아져

민혁이 가족이 아빠 생신이라 외식을 했습니다.

"으윽, 이게 뭐예요. 홍어?"

잔뜩 기대를 하고 나간 민혁이는 투덜댔습니다. 밥을 제대로 먹지도 못했습니다. 삭힌 홍어 냄새 때문에 코를 막고 있느라고 말이죠.

"아빠는 이게 세상에서 가장 맛있더라. 으흠~ 냄새가 군침 돌지 않냐?"

"킁, 화장실 냄새 나."

아직 유치원에 다니는 민정이도 투덜댔습니다.

"녀석들, 오늘은 내 생일이니까 내가 먹고 싶은 거 먹을 거야. 너희들도 생일 때 너희가 먹고 싶은 거 먹으렴."

아빠는 민혁이와 민정이는 아랑곳하지 않고 맛있게 드셨습니다. 엄마도 아빠만큼은 아니지만 특별한 음식이라면서 맛있게 드셨어요.

"어서 먹고 나가요. 머리가 다 띵해요."

민혁이는 툴툴거렸습니다.

그 때 옆테이블에 있던 아주머니가 엄마에게 말을 걸었습니다.

"저 혹시, 현미 씨 아닙니까?"

아주머니를 본 엄마는 두 눈이 동그래졌습니다.

"어머! 스미코상."

"맞군요. 오랜만입니다."

아주머니는 반가운 듯이 손을 내밀었습니다. 엄마는 아주머니 손을 꼭 잡았습니다.

"이게 얼마만이에요? 스미코상이 중국으로 갔다는 소식은 들었어요. 잘 지냈죠? 언제 한국에 왔어요?"

"그럼요. 한국에는 지난 달에 왔어요. 그런데 연락처가 없어서 연락 못 했어요."

우리 가족은 멍하니 엄마와 그 아주머니를 번갈아보았습니다. 아주머니는 그제야 우리를 보고 말했습니다.

"아, 가족인가 봐요?"

"어머, 내 정신 좀 봐. 여보, 알죠? 예전에 내가 논문 쓰는 거 도와 드렸다는 일본 분. 스미코상이에요."

그제야 아빠도 생각난다는 듯이 아주머니에게 인사를 했습니다.

"아, 안녕하세요. 말씀 많이 들었습니다."

"애들아, 인사해. 엄마 친구 분이셔."

민혁이와 민정이는 엉거주춤 인사를 했습니다.

"안녕하세요."

"안녕하세요."

아주머니도 민혁이와 민정이에게 인사를 했습니다.

식사를 마치고 자리를 옮겨 차를 마셨습니다. 홍어 냄새 때문에 머리가 아팠던 민혁이는 식당에서 나오자 정신이 드는 것 같았습니다.

민혁이는 아주머니를 가만히 바라보다가 물었습니다.

"그런데 아주머니, 재일교포세요? 한국말을 아주 잘하시네요."

아주머니는 환하게 웃으면서 말했습니다.

"아니, 나는 일본 사람이야. 한국에 1년 정도 있으면서 공부했어. 예전에는 더 잘했는데 지금은 까먹었어. 너희들 엄마가 잘 가르쳐 주셨지."

엄마도 웃으면서 아주머니에게 말했습니다.

"그런데 중국에 간 일은 잘 됐어요? 그 때 논문 때문에 가신다고 하더니, 꽤 오래 계셨네요."

"네, 논문도 마치고 학위도 마쳤어요. 중국은 아주 넓어요. 그리고 중국에서 필리핀까지 갔다왔어요. 그 곳에서도 일이 있었으니까요."

"우와, 무슨 일 하시는데요? 여행가세요?"

민정이가 물었습니다.

"아니, 나는 동북아시아 역사를 공부해."

아주머니는 차 한 모금을 마시고 말을 이었습니다.

"내가 역사에 관심을 갖게 된 게 꼭 민혁이만 했을 때야. 같은 반에 한국인이 있었어. 그런데 그 친구는 자기가 한국인이라는 것을 다른 친구들이 알까 봐

무서워하더라고.

  그 친구가 왜 그러는지 궁금해서 책을 읽기 시작했고, 역사에 대해 알게 되었어. 그리고 한국과 일본의 관계에 대해 알게 되었지. 일본이 큰 전쟁을 치르는 동안 어떠한 일을 했는지도 알게 되었단다. 학교에서는 가르쳐 주지 않은 이야기가 참 많았어."

  민혁이는 고개를 끄덕였습니다. 일본 교과서의 문제점에 대해 들은 적이 있습니다. 역사의 일부를 숨기거나 잘못 가르쳐 다른 나라에서 항의를 하고 있지만, 일본은 고집을 피우고 있다고 말이죠.

  "그래서 대학도 동북아시아 역사를 연구하는 과로 갔고, 한국에서도 잠깐 공부를 하면서 이곳저곳을 돌아다녔어. 그 때 너희 엄마를 만났고, 나눔의 집에서 생활하기도 했단다. 지금은 박사 학위를 받고 대학에서 학생들을 가르치고 있어."

"나눔의 집에서요?"

민혁이는 깜짝 놀랐습니다. 나눔의 집은 위안부 할머니들이 살고 계신 곳입니다. 그 곳에 일본 사람이 들어가 살았다니 뜻밖이었어요.

아주머니는 민혁이가 놀라는 이유를 안다는 듯이 웃으며 말했습니다.

"나 말고도 그 곳에서 봉사하는 일본 사람들이 많아. 일본 관광객들도 많이 오고. 아무래도 듣는 것보다는 직접 보는 게 나으니까."

아주머니는 민혁이와 민정이에게 그 동안 한국과 중국에서 있었던 일과 공부한 내용 가운데 흥미로운 것을 이야기해 주었습니다.

이야기에 푹 빠져 있던 민혁이가 놀라운 듯이 물었습니다.

"우와, 그러면 아주머니는 몇 개 국어를 하시는 거예요?"

"그러게? 나도 모르게 한국어에 중국어에 영어까지 할 수 있는 사람이 되었네. 만약 내가 일본에서 공부한 것이 전부라고 생각하고 멈췄더라면 어쩌면 나는 다른 역사를 배웠을지도 몰라. 하지만 역사 공부를 하다 보니까 더 자세하게 더 깊숙이 파고들게 되고, 그러다 보니 지식이 꼬리에 꼬리를 물고 점점 커져 지금은 역사에 대해서는 박사가 된 거지. 안 그랬으면 우물 안 개구리가 되었을 거야."

아주머니 말에 민혁이는 역사 공부를 열심히 해야겠다고 생각했습니다. 잘못 알려진 역사를 바로잡으려면 공부를 아주 많이 해야 할 것 같았어요.

"참, 스미코상. 그런데 어떻게 홍어를 먹으러 왔어요? 우리 애들도 못 먹는데."
엄마가 묻자 아주머니는 멋쩍은 듯이 웃으면서 말했습니다.
"아, 한국에 오면 꼭 먹어 보고 싶었어요. 그런데 순대나 곱창보다 먹기가 더 힘들어요, 호호."
그 말을 듣고 민혁이가 혼잣말처럼 중얼거렸습니다.
"흠, 스미코 아주머니는 아는 게 많아서 먹고 싶은 것도 많으신가 보다. 그래서 홍어회도 잘 드시나 보다."
그러자 어린 민정이가 물었습니다.
"오빠, 그러면 우리는 무식해서 홍어 못 먹는 거야?"

"뭐? 우하하하!"
민정이 말에 엄마와 아빠, 스미코 아주머니는 소리 내어 웃었습니다.★

진짜 안다는 것은 더 큰 지식을 찾아가는 것

철학자 소크라테스는 "나는 내가 모른다는 것을 안다"고 했습니다. 공자도 제자에게 "아는 것을 안다고 하고, 모르는 것을 모른다고 하는 것이 곧 아는 것이다"고 했습니다.

소크라테스와 공자의 말대로 "나는 다 안다"고 하는 사람은 사실은 아무 것도 모르는 사람입니다.

사람들은 밤하늘에 떠 있는 달에 대해 호기심을 가졌습니다. 궁금증은 과학을 발전시켰고 결국 인류는 달에 탐사대를 보냈습니다. 그리고 지금은 달 이외에 다른 행성에도 탐사대를 보내며 더 넓은 우주에 대해 연구하고 있습니다. 이처럼 밤하늘에 달이 있다는 것만으로 달에 대해 다 안다고 할 수 없습니다. 달에 대해 모른다고 생각하는 것이 진짜 아는 것입니다. 큰 지식을 찾아갈 수 있는 길을 열어 주니까요.

수업 시간에 질문을 안 하는 사람은 다 알기 때문에 안 하는 것이 아닙니다. 모르기 때문에 질문을 못하는 경우가 많습니다. 오히려 공부를 잘하는 사람들이 질문도 많습니다. 자신이 무엇을 알고 무엇을 모르는지 알기 때문이죠.

공부를 하다 보면 아는 것이 많아지는 것이 아니라 오히려 더 모르는 것이 많아집니다. 정확하게 말하면 궁금증과 호기심이 많이 생기는 거죠. 그 궁금증과 호기심은 더 많은 지식을 얻을 수 있게 해 줍니다. 바로 그러한 과정이 공부입니다. 공부를 하지 않으면 궁금증도 생기지 않을 것이고, 그러다 보면 자신이 알고 있는 것이 전부라고 착각하게 됩니다.

공부는 더 많은 지식과 큰 지식으로 건너가는 길을 안내하는 징검다리와 같은 것입니다. 지금 아는 것이 전부라고 생각하며 또 다른 징검다리로 건너가지 않는다면 여러분은 우물에 갇힌 개구리가 될 거예요. 우물 안 개구리는 우물이 세상의 전부라고 생각하고, 자신이 세상을 다 안다고 우쭐댑니다. 제대로 알지도 못하고 얕은 지식으로 우쭐대는 그 모습이 얼마나 어리석고 우스워 보일까요?

07 많은 사람들이 너를 기억할 수 있게 돼

"아, 수요일. 참 싫은 수요일!"

종수는 일주일 가운데 수요일이 가장 싫습니다. 학원을 가장 많이 가는 날이거든요. 바둑학원에 영어학원, 그리고 수학 과외까지 받아야 합니다.

특히 오늘은 숙제가 많아서 집에 있고만 싶습니다.

종수는 일부러 기운 없는 목소리로 엄마에게 말했습니다.

"엄마, 아무래도 감기인 거 같아요. 콧물도 나오고 기침에다 으슬으슬 떨리는 것이 열도 있고요."

종수는 두 팔로 몸을 감싸고 몸을 부들부들 떨었습니다.

"아마 내가 너무 무리해서 그런 거 같아요. 하긴 초등학생이 밤 10시까지 학원을 다닌다는 게 말이 안 되죠. 미래를 이끌어 나갈 새싹이 이렇게 피곤에 지쳐 쓰러져서는 안 되잖아요."

종수를 가만히 보고 있던 엄마가 한 마디 했습니다.

"그러면 학원 가는 길에 병원에 들러서 꾀병에 잘 듣는다는 왕주사 한 방 맞고 갈래?"

"헉!"

"이 녀석이 어디서 수작을 부려! 어서 학원 못 가!"

엄마는 도끼눈을 뜨고 종수를 노려보았습니다. 주먹까지 불끈 쥔 것을 보니 자칫하다가는 꿀밤도 맞을 것 같습니다. 종수는 하는 수 없이 학원 가방을 챙겼습니다.

"알았어요. 하지만 정말 너무해요. 하루에 밤늦게까지 학원 다니는 애는 나밖에 없을 거야."

종수가 툴툴거리자 엄마의 잔소리가 터져나왔습니다.

"없긴 왜 없어! 옆집 앞집 뒷집, 요즘 학원 안 다니는 애들이 어디 있니? 텔레비전 보니까 스무 개 다니는 애들도 있더라. 앞으로는 경쟁 시대야. 경쟁에서 이기려면 공부, 또 공부밖에 없다고!"

"네, 네, 알았어요."

종수는 학원 가방을 챙겼습니다.

"누가 엄마 좋자고 이래? 다 너를 위해서다. 엄마가 입는 거, 먹는 거 아껴서 학원에 보내고 있는데……."

더 이상 있다가는 귀에 못이 박힐 것 같았습니다.

"다녀오겠습니다!"

종수는 얼른 인사를 하고 집에서 뛰어나왔습니다. 하지만 학원 가는 발걸음은 무겁기만 했습니다.

"도대체 학교에서 공부하면 되지 무슨 학원을 이렇게 많이 다녀야 하냐고.

어휴, 바둑학원 끝나면 영어학원에 갔다가 수학 과외도 해야 하고. 사는 게 사는 게 아니야."

종수는 저절로 한숨이 나왔습니다.

바둑학원에 갔다가 또다시 영어학원으로 향했습니다. 마침 영어 수업 주제가 '꿈' 이었습니다.

"'너의 꿈은 무엇이니?' 이 말을 영어로 하면 'What is your dream?' 입니다. 선생님이 질문을 하면 각자 대답해 보세요."

선생님은 한 명 한 명에게 질문을 했습니다.

선생님이 되겠다는 아이도 있었고 의사에 가수, 연기자, 경찰 등 각자 자신의 꿈을 이야기했습니다. 아이들의 대답을 들으면서 종수는 속으로 중얼거렸습니다.

'쳇, 아는 단어가 doctor, singer, police 그런 거밖에 없으니까 대답도 거기서 거기네.'

드디어 종수 차례가 되었습니다.

"What is your dream?"

선생님이 묻자 종수가 대답했습니다.

"My dream is a… hundred hand."

"뭐? hundred hand가 뭐야?"

선생님이 깜짝 놀라 되물었습니다.

"hundred 백, hand 손. 손은 한자로 수(手)니까 백수요."

여기저기에서 웃음소리가 튀어나왔습니다. 선생님은 어이가 없어 종수를 쳐다보았습니다.

"아, hundred가 복수니까 s를 붙여야 하나요? hands."

"강종수!"

선생님이 눈을 매섭게 뜨고 말했습니다.

"아닌가? white hand가 맞아요? 흰 백(白)에 손 수(手)."

아이들은 손바닥으로 책상을 치면서 낄낄대고 웃었습니다.

"요 녀석, 수업 시간에 장난이나 치고."

선생님은 종수에게 알밤을 주었습니다.

영어학원에서 돌아오니 수학 선생님이 기다리고 있었습니다. 과외까지 하고 나자 엄마가 종수를 불렀습니다.

"너, 장래 희망이 아주 대단하더라?"

아마 영어학원에서 전화가 왔었나 봅니다. 종수는 아무 말도 못했습니다. 종수는 장난이 아니었습니다. 정말로 학원이나 과외를 하지 않는 백수가 되고 싶었습니다. 하지만 그 말이 그다지 좋은 것이 아니라는 것은 알고 있었기 때문에 아무 말도 하지 못했습니다.

"너 때문에 영어 수업 분위기가 엉망이었다고 선생님이 뭐라고 하시더라. 아니, 왜 장래 희망이 백수야?"

엄마가 다그치자 종수는 기어들어가는 목소리로 말했습니다.

"학원 다니기 싫으니까. 공부하기도 싫고."

엄마는 기가 막힌 듯 한동안 아무 말도 못했습니다. 종수는 엄마 눈치를 살피면서 말했습니다.

"이건 너무 심해요. 만날 학원만 다니고. 친구들하고 놀지도 못해요. 5학년이 돼서는 친구 생일 파티에도 잘 못가잖아요. 가더라도 학원 때문에 일찍 와야 하고."

엄마는 풀죽은 얼굴로 말하는 종수를 물끄러미 바라보았습니다.

"그러면, 네가 바꿔."

엄마는 종수 두 손을 잡고 말했습니다.

"엄마도 네가 학원에만 다니는 거 마음이 안쓰러워. 엄마가 너만 했을 때는 학교 갔다 오면 친구들이랑 고무줄하고 이모들이랑 소꿉놀이하고 그랬어. 그런데 그 때랑 지금이랑 많이 달라. 지금은 성적으로 사람을 평가해."

그건 종수도 모르는 게 아닙니다. 하지만 언제까지 이래야만 하는지 답답했습니다.

"지금도 이런데 중학교 고등학교에 가면 더할 거잖아요. 학원만 다니고 친구들끼리 말할 시간도 없을 거예요."

"그러니까 네가 공부 열심히 해서, 이 다음에 훌륭한 사람이 되어서 학원이며 과외며 다 없애 버려. 그러면 되잖아."

"어휴, 엄마. 말이 되는 소릴 하세요."

종수가 한숨을 쉬며 말했습니다.

"왜 말이 안 돼? 네가 나중에 훌륭한 사람이 되어서 잘못된 것을 바로잡으면 되잖아. 아무 것도 안 하고 불평만 한다고 세상이 달라지진 않아. 역사 속에서 훌륭한 일을 한 사람들은 쉽게 무언가를 이루지 않았어. 그건 종수 네가 더 잘 알잖아."

종수는 엄마 말을 가만히 듣고 있었습니다.

엄마는 환하게 웃으며 종수 머리를 쓰다듬어 주었습니다.

"혹시 알아? 우리 종수가 이 다음에 교육부 장관이나 대통령이 되어서 학원을 몽땅 없애고 어린이들이 즐겁게 공부할 수 있는 세상을 만들지?"

"네, 꼭 그럴 거예요. 자유롭게 뛰어놀면서 공부할 수 있도록 제가 꼭 바꿀 거예요."

종수는 야무지게 대답했습니다. 그러자 엄마는 씩 웃으면서 종수에게 말했습니다.

"좋아! 종수야, 그러려면 우선 오늘 배운 거 복습하고 자야지?"

"엄마~!" ★

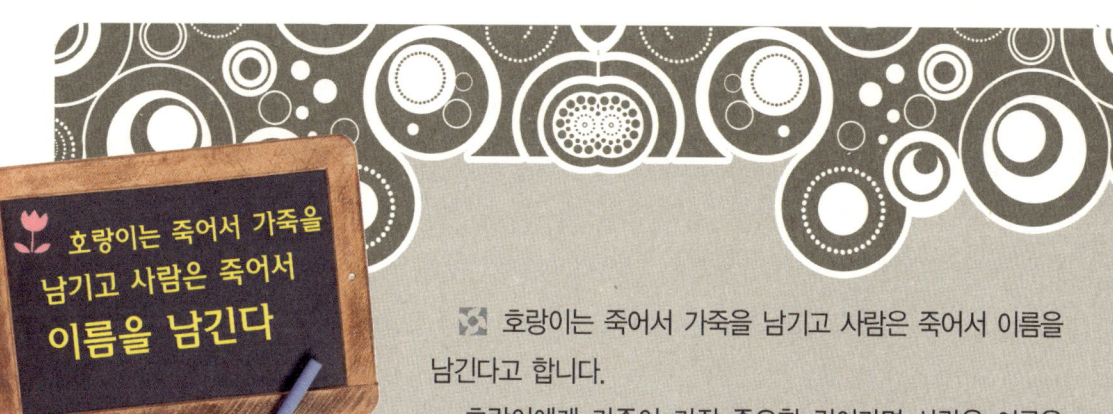

호랑이는 죽어서 가죽을 남기고 사람은 죽어서 이름을 남긴다고 합니다.

호랑이에게 가죽이 가장 중요한 것이라면 사람은 이름을 들 수 있습니다. 자신의 이름이 후대에까지 길이 남는다면 그보다 더 명예로운 일이 있을까요? 물론 좋은 의미의 이름을 말합니다.

훌륭한 업적을 남겼거나 새로운 기록을 만든 사람은 명예를 얻게 됩니다. 세계적인 위인들은 말할 것도 없고, 대중문화의 스타들도 마찬가지입니다.

그런데 위인은 힘들게 공부해서 되는 것이고 대중스타는 쉽게 된다고 생각하는 사람들이 있습니다. 아무리 재능과 끼가 많다고 해도 연구하고 공부하지 않으면 반짝 스타로 사라져 아무도 기억 못하게 됩니다. 한 편의 영화를 찍기 위해, 앨범 한 장을 발표하기 위해 대부분의 스타들은 몇 달씩 준비와 연습을 반복합니다.

운동 선수도 마찬가지입니다. 혹시 박지성 선수의 발을 본 적이 있나요? 굳은살이 박히고 물집이 잡혀 도저히 사람의 발이라고는 생각되지 않을 정도로 흉측합니다. 하지만 박지성 선수에게는 모두 영광의 상처들입니다. 세계 최고가 되기 위해 그만큼 땀을 흘리며 연습했다는 증거니까요. 그리고 지금은 그 노력의 대가로 세계적인 선수라는 명성과 명예를 얻고 있습니다.

어느 분야에서든 최고가 되려면 남들보다 더 많은 것을 알고 더 많은 노력을 해야 합니다. 그래야 다른 사람들에게 존경을 받고 역사에 남을 명예를 얻게 됩니다.

명예 역시 지식과 마찬가지로 사라지지 않는 재산입니다. 다른 사람에게 존경을 받는다는 것은 돈으로 따질 수 없는 가치입니다.

먼 훗날 후세들이 여러분을 기억하고 존경할 수 있도록 명예를 쌓아 보는 것은 어떨까요?

08 가족이 행복해질 수 있어

달력을 보던 인섭이는 입이 쩍 벌어졌습니다.

"큰일났다. 다음 달이 엄마 생신이네. 이럴 줄 알았으면 PC방에 안 가는 건데. 하긴 다 엄마 때문이야."

인섭이가 매일 컴퓨터만 껴안고 살자 엄마는 아예 키보드와 마우스를 빼앗아 버렸어요. 본체와 모니터만 덩그러니 있을 뿐이어서 인터넷이고 게임이고 아무것도 못합니다. 그래서 PC방에 드나들다 보니 용돈을 그만 다 쓰고 말았어요.

"누나는 뭐할 건가? 누나한테 붙어 볼까? 누나는 나보다 용돈도 많이 받으니까 뭔가 있을 거야."

인섭이는 누나 방을 두드렸습니다.

"누나, 바빠?"

인섭이가 문을 열고 들어가니 누나는 공부를 하고 있었습니다.

"아니야, 들어와."

"뭐해?"

"보면 모르냐? 공부하지."

누나가 책상에 펼쳐진 책을 가리켰습니다.

"누나, 다음 달이 엄마 생신인 거 알아?"

"알아."

"선물 준비했어?"

"응. 아니, 준비중이야."

인섭이는 옳다구나 하고 누나 곁에 찰싹 붙었습니다.

"뭔데? 나도 도와 줄게. 같이 하자."

누나는 인섭이 얼굴을 빤히 쳐다보았습니다.

"공부나 해. 너, 다음 달에 수학 경시 있다면서."

"피~."

인섭이는 입을 샐쭉거렸습니다.

"PC방에 가느라 용돈이 다 떨어졌단 말이야. 그리고 엄마 생신은 용돈 받기 일주일 전이고. 엄마한테 가불해 달라면 해 주실까?"

"절대 안 해 주시지."

누나는 차갑게 말하고 다시 책을 보았습니다.

"그러지 말고 같이 하자."

인섭이가 졸랐지만 누나는 콧방귀만 뀌었습니다.

"그러니까 공부해."

"그러지 말고 돈 좀 빌려 줘."

인섭이는 계속 매달렸지만 누나는 여전히 차갑게 말했습니다.

"돈 없어. 가서 공부나 해."

"치사빤스 똥빤스!"

인섭이는 누나에게 소리 지르고 방에서 나왔습니다.

"치, 갑자기 웬 공부야."

인섭이는 괜히 누나 방문을 발로 뻥 찼습니다.

엄마 생신날이었습니다.

인섭이는 생일 선물을 미처 준비하지 못해서 대신 집안일을 도와 드렸습니다.

청소를 하고 설거지도 하고 빨래도 갰습니다.

"어머, 인섭이가 다했네?"

"오늘은 엄마 생신이니까 제가 봉사 좀 했죠, 헤헤."

인섭이가 머리를 긁적이며 말했습니다.

"고마워. 그런데 너, 수학 경시 봤다면서, 잘 봤어?"

'헉, 이런 날 시험 얘기하면 안 되는데.'

인섭이는 순간 당황했지만 그냥 웃어넘겼습니다.

"그냥 그냥 봤어요. 참, 저녁에 아빠도 일찍 오실 거죠?"

인섭이는 재빨리 다른 이야기를 꺼냈습니다.

사실 수학 경시 대회는 엉망이었어요. 시험 성적을 말했다가는 분명히 엄마에게 잔소리를 들을 것입니다.

'어휴, 생신날 열받게 하면 안 되지.'

인섭이는 엄마 몰래 한숨을 쉬었습니다.

저녁 식사 시간에 아빠와 엄마, 누나가 모두 한 자리에 모였습니다.

맛있게 식사도 하고 케이크에 촛불을 켜고 축하 노래도 불렀습니다.

"자, 이제 선물 증정 시간! 엄마, 여기요."

인섭이는 예쁘게 포장한 선물을 내밀었습니다.

"어머, 이게 뭐야? 우리 아들, 고맙네."

인섭이 선물은 머플러였습니다. 돈이 없어서 친구들한테 빌리고, 조금이라도 싸게 사기 위해 일부러 멀리까지 가서 사 온 것입니다.

"예쁘다. 고마워."

엄마 말에 인섭이는 환하게 웃었습니다. 엄마가 좋아하니까 괜히 자기도 기분이 좋았습니다.

"누나는? 누나는 없어?"

인섭이는 누나를 다그쳤습니다.

'흥, 그렇게 내가 같이 하자고 했는데도 싫다고 했지? 어디, 얼마나 좋은 건지 구경이나 좀 하자!'

인섭이는 속으로 생각했습니다.

"저기, 엄마. 여기요."

누나는 종이 한 장을 내밀었습니다.

"이게 뭐야?"

엄마는 누나가 건넨 종이를 펼쳐 보았습니다.

"어머! 얘, 중간고사 성적이 이렇게 많이 올랐어? 어머머! 여보, 이것 좀

보세요."

엄마는 얼굴까지 상기되어 성적표를 아빠에게 보였어요.

"허허, 진짜 열심히 공부했나 보구나. 잘했다."

"그래, 엄마도 아주 기뻐. 어휴, 너무 기뻐서 어쩔 줄 모르겠다."

엄마 아빠 말에 누나는 씩 웃으며 말했습니다.

"선물 사 드릴 돈도 별로 없고, 제 손으로 뭘 만들어 드렸으면 좋겠는데 시간이 부족하고. 그래서 올해는 성적표로 대신 할게요. 엄마, 생신 축하드려요."

누나 말에 엄마는 손사래를 쳤습니다.

"선물은 무슨! 이렇게 열심히 공부하는 게 엄마한테는 세상에 둘도 없는 선물이야. 후훗, 엄마가 지금까지 받은 생일 선물 가운데 최고다."

이렇게 되자 김이 빠진 것은 인섭이입니다. 하루 종일 집안일을 하고, 선물도 기껏 친구들에게 돈 빌려서 샀는데, 엄마는 누나 성적표만 들고 좋다고 합니다.

정말 엄마가 저렇게 환하게 웃는 것은 처음 보는 것 같았어요. 인섭이의 선물을 받았을 때와는 비교도 할 수 없을 정도입니다. 인섭이는 슬슬 심술이 났습니다.

"칫, 그깟 성적표가 무슨 선물이야. 괜히 선물 준비 못했으니까 머리 쓰고 있어."

인섭이가 투덜대자 누나가 말했습니다.

"야, 공부 열심히 하는 것 이상 엄마한테 좋은 선물이 어디 있냐? 누나는 엄마한테 성적표 드리려고 그 동안 열심히 준비했어. 그러게 너도 준비하자고 했지? 너, 수학 경시…….”
"앗, 누나! 그만!"
인섭이는 누나의 말을 가로막았습니다.
"어쨌든, 오늘 누나 성적표가 최고의 선물이야. 엄마 기분 최고다!"★

우리 집 행복 바이러스는 바로 나

먼 옛날 아이들에게 아주 엄한 어머니가 있었습니다. 아이들이 조금이라도 예의에 어긋난 행동을 하거나 하루라도 글 읽기를 게을리하면 크게 야단을 쳤습니다.

아이들은 바르게 자라 서당에서도 곧잘 칭찬을 들었어요. 아이들이 집으로 돌아와 엄마에게 자랑삼아 말하면, 엄마는 그게 무슨 대수냐며 별로 기뻐하지 않았습니다. 아이들은 그런 엄마가 조금은 섭섭했습니다.

어느 날, 엄마 방에서 이상한 소리가 나서 아이들이 살짝 들여다 보았어요. 그랬더니 엄마가 싱글벙글 웃으면서 춤을 추고 있는 거예요.

"얼씨구절씨구, 우리 아이들이 또 서당에서 칭찬을 들었네. 아휴 좋아라, 아휴 좋아."

그렇게 엄격하고 점잖은 엄마도 사실은 아이들이 공부를 잘한다는 소리에는 어깨춤이 절로 났던 것입니다. 다만 아이들이 자칫 자만에 빠질까 봐 더욱 엄한 척했던 거죠.

부모님은 여러분이 건강하고 바르게 자라기를 바랍니다. 자녀들이 당신보다 더 나은 삶을 살기 원하세요. **부모님이 열심히 일을 하고 집안을 돌보는 것도 대부분 여러분을 위해서입니다.** 공부 안 한다고 야단치는 건 여러분이 밉거나 부끄러워서가 아닙니다. 사랑하는 내 아이가 사회에서 정당한 대접을 받고 멋진 인격자로 성공하기를 바라기 때문에 입에 침이 마르도록 공부, 공부 하는 것입니다. 표현하는 방법이 서툰 것일 뿐입니다. 그렇게 여러분을 사랑하는 마음이 있기에 작은 일에도 누구보다 기뻐하고, 아무리 힘들고 어려운 일이 있더라도 힘을 얻는 것이랍니다.

좋은 성적을 받는 것은 세상 누구보다 여러분을 믿고 사랑하는 부모님을 기쁘게 해 드릴 수 있는 일입니다. 또 부모님이 기뻐하면 당연히 여러분도 행복할 거예요.

09 더 빨리 부자가 될 수 있어

솔미네 학교에서 벼룩시장이 열립니다. 토요일이면 동네를 돌아다니며 열리던 시장이 이번에는 솔미네 학교에서 열리게 된 것이지요. 벼룩시장에서는 여러 가지 물건을 팔 수 있습니다. 물건을 팔려면 자릿세로 수입의 얼마를 내야 하는데, 그 돈은 불치병을 앓고 있는 아이들을 위해 쓰인다고 합니다. 솔미는 용돈도 벌고 좋은 일도 할 겸 벼룩시장에 신청을 했습니다. 같은 반 현정이도 함께 말이죠.

"현정아, 넌 뭐 팔 거야?"

"글쎄, 안 쓰는 물건이 있나 살펴봐야지. 넌?"

"나도 아직 못 정했어. 이왕 할 거면 돈을 많이 벌 수 있는 게 좋겠지? 그러면 불치병을 앓는 아이들을 위해 성금도 더 많이 낼 수 있을 테니까."

솔미 말에 현정이는 입을 삐죽였습니다.

"우리 같은 초등학생이 벌면 얼마나 번다고. 너무 욕심 부리지 마. 나는 그냥 내가 좋아하는 만화책 시리즈를 살 정도만 벌면 돼."

하지만 솔미는 아닙니다. 물론 어른들만큼 큰 돈은 아니더라도 제대로 하고 싶었습니다.

"어떻게 하면 물건을 잘 팔 수 있는지 가게 언니한테 물어봐야겠다."

솔미는 단골 옷가게 언니를 찾아갔습니다. 시장에서 가장 장사가 잘 된다고 하는 가게입니다. 평소에 오가며 인사를 했더니, 언니도 솔미를 귀여워해 줍니다. 옷을 사러 가면 많이 깎아 주기도 했습니다.

솔미가 언니네 가게에 갔을 때 가게에 손님이 있었습니다.

"언니, 안녕하세요?"

"솔미 왔구나. 잠깐만."

언니는 환하게 웃으며 솔미를 맞이해 주었습니다. 그리고 솔미에게 자리를 마련해 주고는 손님이 옷을 고르는 것을 도와 주었습니다.

"아까 고르신 치마에 이 블라우스 한번 입어 보세요. 허리선이 들어가 있어서 더 날씬해 보여요. 그리고 옷감도 구김이 덜 가고, 그냥 손빨래하시면 돼요."

언니가 친절하게 설명해 주자, 손님은 치마와 블라우스를 모두 사가지고 갔습니다.

"휴, 잠깐 쉬어야겠다. 그런데 솔미가 웬일이야?"

"이번 주에 우리 학교에서 벼룩시장이 열려요. 그 때 뭘 어떻게 팔면 잘 팔지 물어보려고요. 한 마디로 언니한테 노하우를 배우러 왔죠. 언니는 장사를 잘하니까."

언니는 웃으면서 손사래를 쳤습니다.

"노하우는 무슨. 그냥 열심히 하는 거지."

"아니에요. 솔직히 다른 가게보다 언니네 가게가 손님이 더 많잖아요. 도대체 비결이 뭐예요?"

언니는 가만히 생각하다가 말했습니다.

"글쎄, 일단은 내가 디자인 공부를 했고, 요즘 유행하는 게 무엇인지 그리고 도매에서 사오는 옷에 대해 분석을 하니까 손님이 무엇을 원하는지 금방 알 거든. 그래서인지 손님들이 나를 믿고 옷을 사 가는 거 같고, 다행히 잘 맞으니까 또 와서 단골이 되고. 그러는 거 같아. 참, 친절은 기본이고."

"옷을 파는 데도 공부를 해요?"

솔미는 조금 놀랐습니다. 그냥 예쁘게 코디만 해 두면 되는 게 아닌가 싶었거든요.

"그럼. 옷에 대해서뿐만 아니라 경영에 대해서도 알아야 해. 중요한 것은 이익을 내는 거잖아. 많이 판다고 돈을 많이 버는 것도 아니고 적게 판다고 돈을 적게 버는 것도 아니야. 예를 들어서 이익이 10원 남는 100원짜리 물건을 열 개 파는 것보다는 이익이 20원 남는 150원짜리 물건 다섯 개를 파는 게 더 쉽다는 거야. 이익은 똑같이 나면서 말이야."

솔미는 고개를 끄덕였습니다.

"나는 그냥 새벽에 물건 받아다가 팔면 그만인 줄 알았어요."

"그렇게 장사하는 사람도 있는데, 그런 사람들은 훨씬 손님이 적어. 당연히 매출도 적고. 뭐든 생각하고 연구해야만 해."

언니 말을 들은 솔미는 장사를 하는 것이 몸만 힘든 일이 아니라는 것을 느꼈습니다. 아침 일찍 문을 열고 밤늦게까지 장사한다고 많은 돈을 버는 것은 아니었습니다.

시장에서 돌아온 솔미는 일단 집에서 안 쓰는 물건들을 한데 모았습니다.

"내가 가진 것은 학용품이랑 인형이 다니까, 이 가운데에서 깨끗한 것을 골라야겠다."

그리고 물건들이 어떻게 하면 더 돋보일지 생각했습니다. 우선 반쯤 쓴 크레파스와 몇 장 안 쓴 스케치북을 한 데 묶었습니다. 각각 5백 원에 팔기로 했지만, 묶어서 천 원에 팔기로 했습니다.

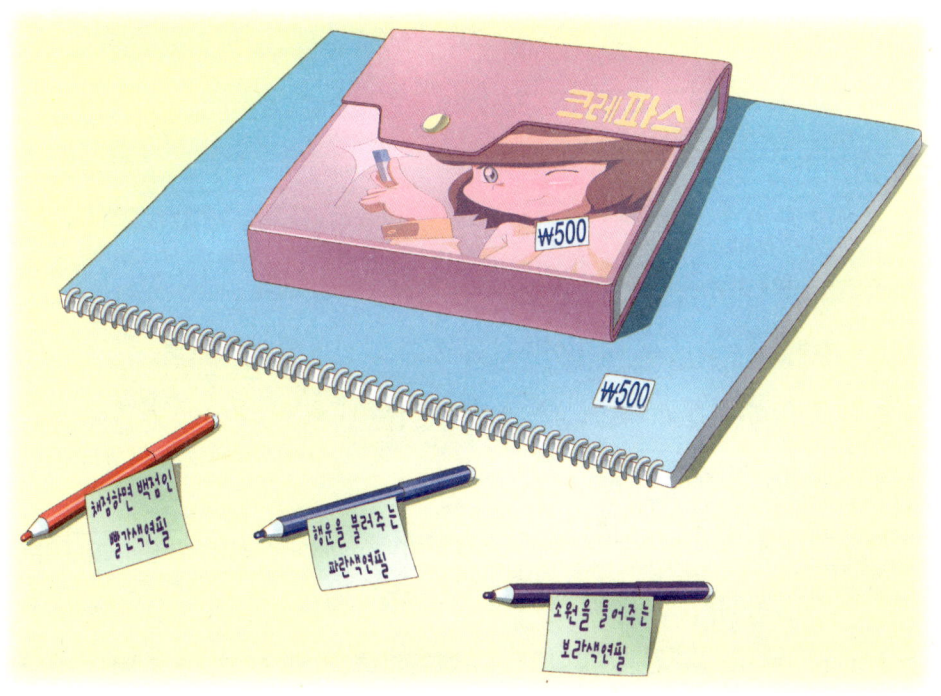

"빠진 게 많아서 세트로 팔 수 없으니까 한 자루씩 팔자."

그리고 색연필에 이름표를 붙였습니다. 채점하면 백 점인 빨간색연필, 행운을 가져다 주는 파란색연필, 소원을 들어 주는 보라색연필. 그 밖에 인형이나 장난감 같은 것도 솔미는 이름표를 붙여 정리해 두었습니다.

물건을 다 정리한 후 솔미는 어느 자리에서 장사를 해야 좋을지, 잔돈은 얼마나 준비해 두어야 하는지 등을 생각했습니다.

드디어 벼룩시장이 열리는 날, 솔미는 일찌감치 가서 좋은 자리를 맡았습니다. 자리를 깔고 물건들을 펼쳐 두었습니다. 멀리 현정이 모습도 보였습니다. 솔미는 반가워서 현정이 자리로 가 보았습니다. 현정이는 물건을 잔뜩 가지고 왔습니다.

"우와, 뭐가 이렇게 많아?"

"집에서 안 쓰는 거 다 가져 왔어. 많지?"

현정이 물건을 살펴보던 솔미는 눈살을 찌푸렸습니다. 정리가 하나도 안 되어 있고, 아무리 쓰던 물건이지만 너무 지저분했습니다.

"그런데 물건 값도 안 붙였어? 그리고 이 색연필은 끈적거려."

"아, 지우개랑 같이 두었더니 그래. 가격은 대충 머리 속에 기억해 두었어. 네 자리는 어디야?"

이번에는 현정이가 솔미 자리로 왔습니다. 솔미는 물건을 품목대로 가지런히 정리해 두었습니다.

"뭐야, 이것밖에 없어? 내 물건의 반밖에 안 되겠다. 돈 많이 벌 거라더니.

어쨌든 수고해라."

현정이는 솔미 물건들을 한번 휙 보고는 자기 자리로 갔습니다.

시간이 지나자 사람들이 몰려왔습니다. 아이부터 어른까지 많은 사람들로 북적였어요. 솔미는 지나가는 사람들에게 자기 물건을 홍보했습니다.

"행운을 부르는 색연필 있어요! 크레파스와 스케치북 세트가 단돈 천 원입니다!"

"행운을 부르는 색연필?"

사람들은 한두 명씩 모여 솔미의 물건들을 살펴보았습니다.

"이 크레파스는 다른 것에 비해 색깔이 참 예뻐요. 여기 이 스케치북은 종이가 두꺼워서 물감으로 그려도 종이가 울지 않구요."

솔미는 물건 하나하나에 대해 설명했습니다.

"이건 작년 과학 시간에 사용한 실험 도구인데, 아마 다음 달쯤이면 필요할 거예요."

물건은 잘 팔렸습니다. 마지막 물건을 팔았을 때 솔미는 예상했던 금액을 맞출 수 있었습니다.

"다행이다. 성금을 많이 낼 수 있겠어."

솔미는 자리를 접고 현정이에게로 갔습니다. 현정이 자리는 한쪽 구석이라 사람이 별로 없는 탓인지 물건은 거의 그대로였습니다.

"이상해. 물건이 안 팔려. 네 것보다 훨씬 싸게 내 놓았는데 왜 안 팔리지? 나도 너랑 똑같이 크레파스며 스케치북을 모두 5백 원에 내 놓았는데 안 팔려. 색연필도 열두 개 든 것을 천 원에 내 놓았는데 안 팔리고. 넌 한 자루에 백 원씩 다 팔았다며?"

솔미는 동네 언니가 한 말이 생각났습니다.

"장사도 생각하고 연구해야 해. 물건이 많다고 많이 팔리는 게 아냐." ★

화이트칼라와 블루칼라의 차이

돈을 벌기 위해서는 부지런히 일해야 합니다. 그런데 모든 일이 일한 만큼 이익을 얻는 건 아닙니다. 얼마나 효율적으로 일을 하느냐에 따라 일의 성과가 달라질 수 있어요. 또한 일한 시간에 비해 적은 이익을 내는 일도 있고, 일한 시간에 비해 많은 이익을 내는 일도 있습니다.

사무직 근로자인 화이트칼라와 생산직 근로자인 블루칼라를 비교하면 일한 양과 이익에 대해 쉽게 이해할 수 있을 거예요. 보통 화이트칼라의 직급과 급여가 블루칼라보다 높습니다. 그리고 많은 부분이 기계화되면서 생산직에 필요한 사람의 수는 점점 줄어듭니다. 대신 정보화 시대에 맞춰 지식을 가진 자가 새로운 지배 계급으로 떠오르고 있습니다.

소위 전문직이라고 하는 의사나 변호사들은 남들보다 공부를 많이 한 사람입니다. 최고 경영인 중에두 외국에서 공부하고 돌아온 사람들이 많습니다. 공부를 많이 한 만큼 다른 직업보다 수입도 많다는 것을 여러분도 잘 알 거예요.

물론 모든 직업이 다 사회에 필요한 것이고 어떤 것이 좋고 나쁘다고 할 수는 없습니다. 하지만 누가 더 많이 공부를 했느냐에 따라 연봉에도 차이가 있는 것이 현실입니다.

투자도 돈을 벌 수 있는 방법 가운데 하나입니다. 어른들이 주식에 투자해서 이익을 봤다고도 하고, 손해를 봤다고도 하는 이야기를 들었을 거예요. 이익을 얻기 위해서는 많은 정보가 필요합니다. 그런데 올바른 정보를 얻고 올바른 판단을 내리기 위해서는 역시 공부를 하지 않을 수 없습니다. 그냥 운에 맡겼다가는 손해를 보기 쉬워요. 설령 이익을 얻는다고 해도 공부한 사람에 비하면 보잘 것 없는 경우가 많습니다.

누가 더 많은 돈을 버는가는 운에 따르는 것이 아닙니다. 누가 얼마나 많이 공부하고 누가 얼마나 많은 정보를 얻느냐에 따른 것입니다.

10 남보다 좋은 정보를 빨리 얻을 수 있어

"이번 올림피아드 수학 경시에서 좋은 성적을 올리면 이번 방학엔 학원 안 다녀도 된다."

두둥~ 이게 웬 떡이랍니까? 학원을 안 다녀도 된다니!

"정말요? 정말? 정말 학원 하나도 안 다녀도 돼요?"

희선이는 엄마에게 다시 물었습니다.

"그래. 학원 하나도 안 다녀도 돼. 대신 성적이 나쁘면 엄마 마음대로 학원 정할 거야."

엄마 말에 희선이는 새끼손가락을 내밀었습니다. 엄마는 새끼손가락을 걸고 약속했습니다.

희선이는 신이 절로 났습니다. 그 동안 방학 때만 되면 특강이네 뭐네 하면서 학원 수가 몇 개나 늘어났습니다. 그래서 놀기는커녕 오히려 학교 다닐 때보다 더 바빴어요.

그런데 수학 올림피아드 대회 성적만 좋다면 지금까지 다니던 학원도 방학 때는 쉴 수 있게 됩니다.

"방학 때 뭐하고 놀지? 으흐흐, 생각만 해도 신난다."

희선이는 한껏 들떠서 수학 문제집을 풀었습니다. 신이 나서 그런지 문제도 더 잘 풀리는 것 같았습니다.

하루 종일 기분이 좋은 희선이에 비해 짝이자 옆집에 사는 서현이는 기분이 별로입니다. 희선이가 수학 올림피아드에 나간다는 이야기를 듣고 서현이 엄마가 한 소리 한 거죠.

"옆집 희선이는 이번에 올림피아드 나간다는데, 넌 뭐니? 넌 학교에서 수학 안 배워? 이거 원, 학원을 더 다니게 하든가 해야지."

서현이는 속으로 울컥했습니다. 하지만 희선이가 서현이보다 수학을 잘하는 것은 사실입니다. 하지만 엄마의 잔소리가 계속되자 서현이는 엄마에게 불쑥 말했습니다.

"저도 나가면 되잖아요. 이번 수학 경시 대회 보고, 그 때 성적 나오면 보세요."

"어머, 서현이 너 요즘 공부 열심히 했구나? 호호호, 그럼 서현이가 누구 아들인데."

엄마는 서현이 머리를 쓰다듬어 주며 말했습니다.

'지금부터 열심히 하면 되지 뭐, 수학이 별건가.'

서현이는 이를 악물었습니다.

이튿날, 희선이는 쉬는 시간 틈틈이 수학 문제를 풀었습니다.

"희선아, 이게 뭐야?"

미순이는 희선이가 푸는 문제집을 들추며 물었습니다.

 "응, 수학 올림피아드 문제야. 엄마가 이번에 성적 좋으면 학원 안 다녀도 된다고 약속하셔서 열심히 공부중이야."
 "정말? 좋겠다. 나도 수학 잘하면 얼마나 좋을까. 그치 서현아?"
 미순이 말에 서현이는 발끈했습니다.
 "그치 서현아? 뭐야, 나는 못한단 말이야? 무슨 말이 그래?"
 서현이가 생각지도 않게 큰 소리로 말하는 바람에 미순이와 희선이는 깜짝 놀랐습니다.
 집으로 돌아온 후, 서현이는 책상 앞에 앉았습니다. 하지만 막상 수학 공부를 하려고 하니 앞이 깜깜했습니다.
 "경시 대회는 아무래도 교과서 문제가 아닐 텐데. 어쩐담. 여기저기에 큰

소리는 뻥뻥 쳐 놨는데…….”

서현이는 괜히 문제집만 뒤적거렸습니다. 그 때 엄마가 빠끔히 문을 열고 들어왔습니다.

“우리 아들, 공부해? 이것 좀 먹고 해.”

엄마는 간식거리를 책상 위에 올려놓았습니다.

“서현아, 잘할 수 있지? 엄마는 서현이 믿어!”

엄마는 활짝 웃으면서 서현이 등을 쓰다듬어 주었습니다. 엄마가 나간 후 서현이 마음은 더욱 무거워졌습니다.

“아, 어떻게 하지. 엄마가 진짜 기대가 크신 거 같은데.”

한참을 끙끙대던 서현이는 결국 자리에서 일어났습니다. 그리고 용기를 내어 옆집에 사는 희선이에게 갔습니다.

“어? 서현아, 웬일이야?”

“아니, 저 그게…….”

서현이는 잠깐 얼버무리다가 결심한 듯 말했습니다.

“문제집 좀 보여 줘.”

“엥?”

“수학 경시 대회 문제집으로 뭐가 좋아? 넌 무슨 문제집 풀어?”

희선이는 일단 자기가 풀고 있던 문제집을 보여 주었습니다.

“이건 교과서 중심으로 된 보통 문제집이야. 서현이 너도 있지?”

“응. 내 거랑 똑같네.”

서현이는 별것 아니라는 듯이 말했습니다.

"그리고 이건 수학 경시용으로 나온 문제집인데, 다른 문제집보다 응용 문제가 괜찮아. 좀 어렵기는 해도 유형도 다양한 편이야. 특히 주관식 문제가 많고 여러 가지 공식을 대입해야 하는 문제가 많아. 수학 문제집이 많기는 한데, 그 가운데 나는 이게 가장 좋은 거 같아."

서현이는 주로 광고나 학원에서 추천해 주는 문제집을 풀었습니다. 그런데 희선이는 스스로 문제집을 선택하는 거 같았습니다.

"그리고 이건 올림피아드 문제집. 이건 인터넷 사이트에서 찾은 올림피아드 기출 문제. 아, 이건 아빠가 일본 사이트에서 찾아 주신 수학 문제야. 학원에서 얼핏 들었거든. 일본 수학 문제가 괜찮다고. 그래서 아빠가 해석해 주신 거, 푸는 거야."

서현이는 두 눈이 휘둥그래졌습니다. 문제집에 우리나라 사이트는 물론 일본 사이트까지, 서현이는 입이 떡 벌어졌습니다.

"그리고 이건 흠, 이건 정말 비밀인데……."

그렇게 말하며 희선이는 낱장으로 된 시험지를 보여 주었습니다.

"특별 활동반 선배 언니한테 얻은 거야. 작년 수학 경시 문제. 언니 오빠들은 이런 걸 족보라고 한다며?"

서현이는 족보라는 시험지를 받아들었습니다.

"우와, 너 이걸 다 어떻게 찾은 거야?"

"다 뜻이 있는 곳에 길이 있다고, 내가 수학 공부 좀 하잖니. 게다가 이번 올림피아드 시험 잘 봐야 방학 때 학원에 안 다니니까, 정보 수집 좀 했지. 문제를 많이 풀어 보는 것도 좋지만, 이왕이면 좋은 문제를 풀어 봐야 하니까 나한테 꼭 필요한 문제들이야."

서현이는 한숨을 푹 쉬었습니다.

"난 네가 문제집은 다 풀어 봤을 거 같아서 그 가운데 괜찮은 거 추천해 달라고 온 건데, 아니네. 어떤 게 좋은 건지 통 모르겠어."

서현이를 보고 희선이가 조심스럽게 물었습니다.

"문제집을 추천해 달라고? 네가 웬일이냐? 부탁를 다 하고."
그러자 서현이는 입맛을 다시면서 말했습니다.
"쩝, 그래. 너, 내 수학 실력 대강 알지? 짝이니까. 이왕이면 내 수준에 맞는 문제집 좀 골라 줘라. 이왕 자존심 구긴 거, 내가 끝까지 간다."
"맨입으로는 안 되지. 떡볶이 쏘기다?"
"알았어, 가자."
서현이는 희선이와 마주보고 환하게 웃었습니다. ★

넘치는 자료에서 정보 뽑아내기

2002년 한일 월드컵 대회 이전 우리나라 축구 성적은 세계 40위권이었습니다. 네 번이나 월드컵 본선에 진출했지만, 단 1승도 거두지 못했고 16강에 들지도 못했습니다.

그런데 히딩크 감독이 대표팀을 맡은 2002년 월드컵 대회에서 우리나라는 4강에 드는 기염을 토했습니다. 또한 40위였던 성적이 당시에는 22위까지 올라가기도 했습니다.

히딩크 감독은 정보 수집에 뛰어난 감독입니다. 세계 축구의 흐름을 파악할 수 있는 정보 수집은 물론, 정확하게 분석하는 능력을 가진 감독으로 유명합니다. 우리나라 선수에 대한 정보를 비롯해 히딩크 감독은 세계 여러 나라 선수에 대한 데이터와 팀 전력 등에 대한 정보를 입수했습니다. 그리고 효과적으로 대응하는 전략을 세웠죠. 히딩크 감독의 정보 수집과 분석 능력은 마침내 우리나라 대표팀을 4강에 올려놓았습니다.

정보는 힘입니다. 누가 얼마나 좋은 정보를 많이 가졌는가에 따라 개인은 물론 국가의 능력까지 달라집니다.

사실 예전에 비하면 요즘은 정보를 얻는 것이 그리 어렵지 않습니다. 예전에는 책이나 신문, 잡지 등에서 주로 정보를 얻었습니다. 그에 비해 요즘은 인터넷에 대부분의 정보가 입력되어 있어 검색어 하나만 입력하면 많은 자료를 찾을 수 있습니다.

그런데 모든 검색 자료가 다 정보는 아닙니다. 많은 정보를 가졌다고 해서 다 좋은 것도 아닙니다. 오히려 잘못된 정보를 수집하게 되면 시간만 낭비하고 큰 낭패를 볼 수 있습니다. 하루에도 수십, 수만 개의 정보들이 쏟아져 나옵니다. 그 가운데에서 나에게 필요한 정보를 수집하고 분석하는 능력을 키워야 합니다. 자신에게 이익이 되는 좋은 정보를 얻는 일 역시 꾸준히 공부하고 익혀야 가능한 일입니다.

11 좋은 성적표 말고도 얻을 수 있는 게 있어

병수네 막내삼촌은 고시원에서 공부를 합니다. 잘 다니던 직장을 그만두고 정의로운 검사가 되겠다며 고시원에서 공부한 지 벌써 3년째 입니다.

"병수야, 잘 있었냐?"

병수 집에 막내삼촌이 왔습니다.

"삼촌, 오늘은 놀다 갈 거지? 자고 갈 거지?"

병수가 삼촌에게 찰싹 안겨 말했습니다.

"미안해, 병수야. 서점에 나왔다가 잠깐 들렀어. 밥 먹고 바로 갈 거야. 대신 나중에 많이 놀아 줄게."

삼촌은 병수가 아무리 붙잡고 늘어져도 밥만 먹고 바로 일어났습니다.

사실 병수는 삼촌이 이해가 안 되었습니다. 아니, 불쌍하다는 생각마저 들었습니다. 하루는 삼촌이 집에 와서 어떻게 공부하는지 이야기를 하는데, 정말 상상도 할 수 없었어요.

"그냥 밥 먹고 공부하고, 밥 먹고 공부하고. 그러다가 잠 조금 자고 다시

일어나서 공부하고. 그러다 보니 여름에는 엉덩이에 땀띠가 다 나. 하도 오래 앉아 있어서 말이야."

세상에! 병수는 혀를 내둘렀습니다.

"어휴, 나는 게임을 그렇게 하라고 해도 못하겠다. 공부가 그렇게 좋아?"

병수가 물어보면 삼촌은 그냥 씩 웃습니다.

"공부가 좋다기보다는 내가 하고 싶은 일이니까. 그리고 쉽게 되면 조금 매력이 없지. 무슨 일이든 힘들게 얻어야 더 기분도 좋잖아. 힘든 것을 참아 가면서 포기하지 않고, 그래서 어떠한 결과를 얻었을 때 그 성취감은 말로 표현 못해. 삼촌이 두 번이나 시험에 떨어졌다가 작년에 붙었을 때는 정말, 정말 하늘을 날 거 같더라고. 그리고 나도 할 수 있구나, 하는 생각을 다시

하게 되었고."

　병수는 쉽게 이해가 되지 않았습니다. 쉽게 얻을 수 있는 것도 많은데 힘들게 얻으려고 그 용을 쓴다니오.

　어쨌든 삼촌은 그 날도 딱 밥만 먹고 다시 고시원으로 돌아갔습니다.

　그러던 어느 날, 특별 활동 시간이었습니다. 병수는 영민이랑 정우와 함께 과학반입니다. 과학이 좋아서 들었다기보다는 친구 따라 강남 간다는 식으로 휩쓸려 든 반입니다. 그래도 삼총사인 영민이랑 정우가 있어서 지루하지는 않았습니다.

　"이번에는 각 조로 나누어서 대회를 한번 열까 한다."

　과학반 선생님이 그렇게 말하고 칠판에 무언가를 썼습니다.

　'스턴트 달걀.'

　아이들은 고개를 갸웃거렸습니다. 선생님은 사진을 한 장 보여 주면서 말했습니다.

　"이건 다른 학교 학생들이 만든 거예요. 높은 곳에서 떨어뜨려도 달걀이 안전하도록 아이디어를 생각해 보세요. 무엇보다 중요한 것은 충격 완화겠죠? 그리고 모양도 멋지죠?"

　병수는 선생님이 보여 준 사진을 유심히 바라보았습니다.

　"어떻게 달걀을 높은 곳에서 떨어뜨리는데도 안 깨진다는 거야?"

　병수는 고개를 갸웃거렸습니다. 그리고 같은 조인 영민이랑 정우와 이야기를 나누었습니다. 우선 무엇으로 달걀을 감쌀 것인지를 정해야 했습니다.

"충격을 줄여야 하는 거지? 충격 흡수엔 스펀지가 최고 아냐? 푹신하잖아."

영민이 말에 정우가 끼어들었습니다.

"옛날에는 달걀을 지푸라기에 쌌잖아. 그런 거 보면 지푸라기가 충격을 흡수하는 데 도움이 되지 않을까?"

"용수철을 달면 어때? 띠옹 하면서 충격을 흡수할 거 같은데."

병수가 두 눈을 동그랗게 뜨고 말하는 바람에 아이들은 웃음을 터뜨렸습니다.

일단 각자 집에서 생각한 대로 설계를 하기로 했습니다.

병수는 집으로 와서 이런 저런 자료를 찾아보았습니다. 다행히 다른 학교에서 한 예가 있어서 정보는 쉽게 구할 수 있었습니다.

"맞다. 빨대가 속이 비어 있어서 충격을 잘 흡수하지."

재료에 대한 힌트는 얻었으니 이제 어떻게 만들어야 할지만 생각하면 됩니다.

이튿날 영민이와 정우와 의논해 보았더니 다들 빨대로 하자는 데 의견을 모았습니다. 그리고 그 날부터 어떻게 하면 빨대로 달걀을 안전하게 지킬 수 있을지 만들기 작업에 들어갔습니다.

"무조건 싸는 거야, 무조건!"

"그래도 모양이 폼이 나야지. 로켓 모양으로 만들고 안에 달걀을 넣지."

"그 안에 달걀을 매다는 건 어때? 그러면 떨어져도 공중에 떠 있게 되니까 충격을 안 받지 않을까?"

"달걀을 매다는 건 위험해. 높은 데서 떨어질 테니까 고정시키는 게 중요하다고."

"그러면 소포 쌀 때 사용하는 올록볼록한 비닐 있잖아. 그걸로 달걀을 싸는 건 어때? 충격 줄이려고 소포도 그걸로 싸잖아."

병수와 친구들은 이런 저런 아이디어를 실제로 만들어 보았습니다. 설계를 하고, 빨대를 잘라서 모양을 만드는 일이 생각만큼 쉽지는 않았습니다. 무엇보다 그렇게 힘들게 만들고 기대를 갖고 만든 달걀 낙하산을 막상 떨어뜨렸을 때, 달걀이 깨지는 것을 보면 기운이 쏙 빠졌습니다.

"야, 우리 머리로는 안 되는 거 아냐? 다른 애들은 어떻게 하고 있을까?"

아이들은 조금씩 자신감을 잃어갔습니다.

"으, 깨진 달걀을 보니까 내 마음이 다 깨지는 거 같다."

"나는 이제 빨대만 봐도 지긋지긋해. 이젠 음료수에 빨대도 안 꽂고 마신다니까."

"난 달걀만 봐도 먹은 게 넘어올 거 같아."

다 그만두어 버릴까 생각했지만, 다른 조에서 성공했다는 이야기가 들리면 병수를 비롯한 아이들은 다시 설계를 하고 빨대를 잘랐습니다.

"다른 애들도 했는데 우리가 못할 이유가 없지. 우리도 멋있는 모양으로 달걀 낙하산을 만들 수 있을 거야."

"두고 봐라. 우리 게 최고로 멋있을 테니까."

대회날까지 얼마 남지 않았지만, 병수네 팀 '스턴트 달걀'은 잘 되지 않았습니다. 그래도 병수와 영민이, 정우는 포기하지 않고 계속 연구하고 실험하며 어떻게 하면 달걀을 살릴 수 있을지 고민했습니다.

드디어 대회날이었습니다.

"에이, 아쉽다. 조금 더 잘하면 될 수 있었을 텐데."

비록 병수네 팀이 우승을 하지는 못했습니다. 첫 실험에서는 달걀이 깨지지 않았지만, 두 번째 실험에서는 그만 달걀이 깨지고 말았습니다.

"그래도 난 맨 처음에 달걀이 깨지지 않았다는 게 신기해."

병수는 낙하산을 보면서 말했습니다.

"나도. 우리, 달걀을 몇 판이나 깨 먹은 거냐?"

"못해낼 줄 알았는데, 그래도 신기해. 그렇게 고생고생하더니 결국에는 해냈잖아. 뭐, 비록 상은 못 탔지만 그래도 우리가 포기하지 않고 뭔가를 해 냈다는 게 신기해."

순간 병수는 삼촌이 생각났습니다.

"힘든 것을 참아가면서 포기하지 않고, 그래서 어떠한 결과를 얻었을 때 그 성취감은 말로 표현 못해."

병수는 아주 조금은 삼촌이 공부하는 이유를 알 것 같았습니다.

"우리, 내년에는 더 잘할 수 있을 거 같지 않냐?"

병수는 친구들과 어깨동무를 하면서 말했습니다.

"그럼! 내년에 이 멤버 그대로 다시 도전하는 거다."

"내년에는 백 번을 떨어뜨려도 깨지지 않는 스턴트 달걀을 만들겠어!"

"그 때까지 우리의 노하우를 적들에게 알리지 마라!"

병수와 친구들은 어깨동무를 하고 서로 마주보며 웃었습니다. ★

멋진 인격을 만들어 주는 공부

흔히 에디슨을 천재라고 합니다. 수많은 것을 발명하고 특허만도 천 종이 넘는다고 하니까요. 하지만 대부분의 발명품을 어느 날 갑자기 뚝딱 만들어낸 것은 아닙니다. 전구를 발명할 때는 수천 번의 실패를 거듭했습니다.

노벨상을 두 번이나 받은 퀴리 부인은 우라늄에서 라듐을 한 번에 분리해낸 것이 아닙니다. 라듐을 발견하기 위해 4년 동안 5천 번이 넘는 실험을 했습니다.

뉴턴 역시 어느 날 사과가 떨어지는 것을 보고 만유인력을 알아낸 것이 아닙니다. 오랫동안 중력에 대해 생각하고 끈질기게 연구한 끝에 지구의 중심으로 끌어당기는 힘이 있다는 것을 알아냈습니다.

'인내는 쓰다, 그러나 그 열매는 달다' 는 말이 있습니다. 에디슨이나 퀴리 부인, 뉴턴은 끈기와 인내를 거쳐 달디 단 맛을 본 사람입니다.

인내심이 많은 사람은 자기 스스로를 다스릴 수 있는 능력도 가지게 됩니다. 쉽게 화내지 않고 가볍지 않으며 쉽게 포기하지도 않습니다. 이렇듯 인내심은 올바른 인격을 갖추기 위한 길로 안내하는 역할을 합니다.

또한 인내심을 가지고 끊임없이 노력한다면 반드시 그에 걸맞는 성과를 거둘 수 있습니다. 자신이 무언가를 이루어냈을 때의 그 성취감은 이루 말로 표현할 수 없을 만큼 기쁜 것입니다. 성취감은 자신감을 갖게 해 주고 또 다른 높은 목표를 위해 노력할 수 있는 힘을 줍니다.

한번 성취감을 맛본 사람은 무언가를 이루기 위해 참고 견디며 기다리는 방법을 배우게 됩니다. 그리고 결과에 집착하지 않고 그 과정을 즐기게 되죠.

이렇듯 공부는 좋은 성적을 내기 위해서만 하는 것이 아닙니다. 좋은 성적을 내기 위한 과정에서 훌륭한 인격을 갖출 수 있는 더 많은 것을 배우고 느끼게 됩니다.

12 실패할 확률이 적어져

"잘 따라 오세요. 겨울이라 해가 짧아서 조금만 늦어도 금방 깜깜해져요."

선생님은 몇 번이나 주의를 주었습니다.

아이들은 선생님 뒤를 힘없이 따라갔습니다. 올라갈 때는 신이 나서 올라갔는데, 내려가려고 하니 힘이 들었습니다. 터벅터벅 힘없이 걷던 수빈이가 중얼거렸습니다.

"지름길이 있는데 왜 이리로 내려가지?"

수빈이 말에 아이들 몇 명은 귀가 솔깃했습니다.

아이들은 슬슬 걸음을 늦추며 수빈이 말에 귀를 기울였습니다.

"응, 작년에 아빠랑 와 봤거든. 아빠랑 나랑 지름길을 발견해서 금방 내려갔어. 난 그 길로 갈래. 어때?"

"그러다가 길을 잃으면 어떻게 해."

민정이가 불안한 듯이 말했습니다.

"난 길눈이 밝아서 한 번 간 곳은 다 기억해. 그리고 산은 어차피 삼각형이라 길을 잃으면 무조건 아래로 내려가면 돼. 여기가 에베레스트 산도 아니고,

아무리 헤매도 2시간이면 산을 내려간다니까."

 아이들은 잠깐 고민하는 듯했습니다. 하지만 산행이 너무 힘들어서 빨리 내려가서 쉬고 싶은 생각뿐이었어요. 그래서 민정이와 종수 그리고 우림이는 살짝 빠져나와 수빈이를 따라 계곡으로 난 길로 갔습니다.

 겨울이라 계곡물은 다 말라 있었고 마른 잎이 잔뜩 쌓여 있었습니다.

 아이들은 낙엽을 발로 차기도 하고 손으로 뿌리기도 하면서 장난을 치며

계곡을 따라 정신없이 내려갔습니다.

  한참을 그렇게 내려오다가 문득 주위를 둘러보니 아직도 산 한가운데였습니다.

  "잠깐, 여기는 계곡 같지가 않은데?"

  "그러게. 그냥 낙엽이 쌓인 산길이잖아."

  아이들은 주위를 살펴보며 말했습니다. 주위는 조용했습니다.

  "어떻게 된 거야, 수빈아. 이 길이 맞아?"

  우림이가 묻자 수빈이는 이마에 난 땀을 닦으면서 말했습니다.

  "그게… 아까부터 좀 이상하다고 생각은 했는데, 잘 모르겠어."

  "뭐야? 자신 있다며? 너만 믿고 따라왔는데, 이게 뭐야."

  민정이가 울먹이면서 말했습니다. 종수가 주위를 두리번거리면서 말했습니다.

  "아까 왔던 길로 되돌아가자. 지금이라도 애들 뒤를 따라가자."

  "시간이 얼마나 지났는데 애들을 따라가?"

  "그러면 어떻게 해. 그냥 여기서 너처럼 질질 짜면서 헤매?"

  민정이와 종수는 소리를 높여 금방이라도 싸울 기세였습니다.

  "일단 계속 내려가자. 그러면 산 아래가 나올 거야."

  수빈이가 말했습니다. 그러자 민정이가 쏘아붙였습니다.

  "우리, 지금까지 계속 산을 내려왔거든? 그래도 헤매고 있는 거잖아. 다 너 때문에 생긴 일이니까 책임져."

그 때 아무 말 안 하고 있던 우림이가 말문을 열었습니다.

"싸운다고 해결될 문제가 아니야. 수빈이 잘못도 있지만, 수빈이를 따라 온 우리에게도 책임은 있어. 차분하게 생각해 보자."

우림이는 주위를 둘러보았습니다.

"산에서는 해가 금방 진다고 하거든. 그러면 추워질 테니까 다들 점퍼 단추랑 지퍼를 다 올리고 모자, 장갑 같은 것도 다 껴."

아이들은 우림이 말대로 옷을 단단히 여몄습니다.

우림이는 시계를 보았습니다.

"선생님하고 헤어진 지 1시간 반 정도 지났어. 지금 우리가 없어진 것을 발견했어도 여기까지 오는 데 1시간 넘게 걸릴 거야. 그 때까지 서로 떨어져 있지 말고 꼭 붙어 있자."

"여기 이 자리에서?"

민정이가 불안한 듯이 물었습니다.

"우선 우리가 방향을 잘 모르잖아. 섣불리 움직였다간 더 산 속으로 들어갈 수도 있어. 또 날이 어두워지면 발 밑을 볼 수 없어서 위험할 수 있다고."

"그래도 지나가는 등산객들이 있을지 모르니까 움직이는 게 낫지 않을까?"

"우리 올라갈 때 같이 올라간 사람들이 별로 없었잖아. 그리고 여긴 등산로가 아닌 거 같아. 보통 등산로에는 나무에 리본을 달아 놓거든. 그런데 여기엔 그런 나무가 없잖아."

우림이 말대로 주위에는 바싹 마른 나무들뿐이었습니다.

잠시 생각하던 우림이는 가방에서 호루라기를 꺼냈습니다.

"그래도 종수 말대로 지나가는 사람이 있을지 모르니까 호루라기를 불어서 우리의 위치를 알리자."

우림이는 호루라기를 불기 시작했습니다.

"아, 맞다!"

수빈이는 가방에서 손전등을 꺼냈습니다.

"아직 어둡지는 않지만, 빛으로 우리 위치를 알릴 수 있을지 몰라."

"여기 거울에 반사시키면 더 반짝일 거야."

민정이가 손거울을 꺼냈습니다. 우림이와 종수는 번갈아가면서 호루라기를 불고, 민정이와 수빈이는 손전등을 거울에 반사시켰습니다.

이제 해가 져서 산 속이 깜깜해졌습니다.

"이러다가 우리, 산 속에서 죽는 거 아냐?"

민정이가 울먹이자 수빈이가 다독거렸습니다.

"미안해, 나 때문에. 곧 선생님이 오실 거야. 걱정 마."

그 때였습니다. 나무들 사이로 불빛이 비쳤습니다.

"잠깐, 호루라기 불지 말아 봐."

그리고 멀리에서 목소리가 들렸습니다.

"수빈아, 민정아!"

"우림아, 종수야!"

선생님이었습니다.

"여기에요, 여기!"

아이들은 다시 호루라기를 불고 손전등을 흔들었습니다.

드디어 선생님 모습이 나타났습니다.

"으앙, 선생님!"

민정이와 수빈이는 울음을 터뜨렸습니다. 종수와 우림이도 안도의 한숨을 쉬었습니다.

"어디 다친 데는 없냐?"

선생님은 아이들을 살펴보았습니다. 그리고 별 문제가 없다는 것을 알자 안도의 한숨을 쉬었습니다.

"그래도 금방 찾아서 다행이다. 여기저기 다녔으면 어긋났을 텐데."

"우림이 덕분이에요. 우림이가 길을 잃었을 땐 그 자리에서 꼼짝하지 말라고 했거든요."

민정이가 재빨리 말했습니다.

"그래? 우림이가 판단을 잘했네. 그런데 어째 선생님 뒤를 벗어나는 잘못된 판단을 했을꼬?"

선생님은 우림이 머리에 콩 하고 알밤을 놓았습니다. ★

순간의 판단이 **성공과 실패를** 좌우한다

나폴레옹이 프랑스의 황제였을 때, 프랑스는 주변 국가들을 힘으로 누를 만큼 강했습니다. 그런데 유일하게 영국을 정복하지 못했습니다. 나폴레옹은 대륙 봉쇄령을 내려 영국이 다른 나라와 무역을 하지 못하도록 만들었습니다. 영국에 경제적 타격을 주기 위해서였습니다.

하지만 많은 유럽 국가들이 피해를 입었고 결국 포르투갈과 에스파냐 그리고 러시아가 나폴레옹 지배에서 벗어나려고 했습니다. 나폴레옹은 군대를 이끌고 러시아를 침략하기로 결정했습니다.

러시아를 무너뜨릴 수 있다고 판단하고 시작한 전쟁이었으나, 나폴레옹은 추위와 식량 부족 등의 문제로 후퇴할 수밖에 없었습니다. 또한 프랑스에 돌아와서는 황제 자리를 빼앗기고 엘바 섬으로 유배되었어요. 한때는 명장으로 불렸던 나폴레옹도 잘못된 판단 때문에 자신은 물론 많은 희생자를 낳았습니다.

앞으로 여러분은 여러 번 선택의 갈림길에 놓이게 됩니다. 그 때 어떠한 판단을 내리는가에 따라 여러분의 미래가 결정됩니다. 순간의 선택이 10년을 좌우한다는 옛날 광고 문구처럼, 현명한 판단은 성공으로 가는 길을 내 주지만, 잘못된 판단은 실패를 맛보게 합니다.

올바른 판단을 내리려면 정보와 지식이 필요합니다. 지식은 지혜를 낳고 지혜는 앞을 내다볼 수 있는 힘을 갖고 있습니다. 아는 것이 없으면 판단 자체를 할 수 없습니다. 갈림길에서 고민하고 헤매게 됩니다. 그러면 좋은 기회를 잃기도 합니다.

판단은 혼자서 느끼는 감이 아닙니다. 자신의 감만으로 선택하는 것은 위험합니다. 그러므로 올바른 판단과 결정을 내리기 위해서는 부지런히 지식과 지혜를 쌓아야만 합니다.

13 외국에 나갈 기회가 많아져

진영이가 학교에서 돌아와 보니, 엄마는 한창 통화중이었습니다.

"어휴, 우리 진영이도 같이 보내면 좋을 텐데요."

엄마를 보고 진영이는 혼자 중얼거렸습니다.

"정말 날 어디로 보내실 건가?"

며칠 전에 공부는 안 하고 게임만 한다고 엄마가 방학 때 무슨 스파르타 학원에 보내 버리겠다고 으름장을 놓았거든요.

"어머어머, 그래요? 어쩜 애가 속도 깊어라. 그래요, 형님. 잘 갔다 오라고 전해 주세요."

엄마는 수화기를 내려 놓고 진영이를 보았습니다.

"이제 오니?"

"네, 다녀왔습니다. 그런데 누가 어디 가요?"

"응, 희영이 누나가 미국 대학에서 1년 동안 공부하고 온댄다."

일단은 안심입니다. 자기 얘기가 아니었으니까요.

"아, 희영이 누나. 큰아빠네는 부자니까 누나가 외국에도 척척 가는구나."

진영이는 입을 삐죽거렸습니다.

"이 녀석, 왜 입을 삐죽거려? 큰아빠가 보내 줘서 가는 거 아냐."

엄마 말에 진영이는 배시시 웃었습니다.

"아, 누나가 과외해서 번 돈으로 가는구나? 요즘 대학생들 고액 과외가 문제라고 하던데. 혹시 누나도 족집게 과외 같은 거 해요? 누나 실력을 못 믿는 건 아니지만, 그래도 고액 과외는 안 되지. 족집게 어쩌고 하면서 다급한 수험생들을 현혹시키고 말이야."

계속 빈정거리던 진영이는 결국 엄마에게 꿀밤을 맞고야 말았습니다.

"오다가 꽈배기 사 먹었니? 왜 그렇게 배배 꼬였어?"

"아야! 씁, 아프다."

진영이는 꿀밤맞은 자리를 손으로 비볐습니다.

"그렇잖아요. 부자들은 비싼 돈 주고 과외해서 대학에도 잘 가지만, 가난한 사람은 대학에 가더라도 외국에는 못 나가잖아요."

"으이구, 이 녀석아. 너는 언제 철들래."

엄마는 또다시 꿀밤을 놓고는 자리에서 일어나 부엌으로 갔습니다.

"아야, 꼭 때린 데 또 때리시더라."

진영이는 얼굴을 찡그리고 방으로 들어갔습니다.

잠시 후, 엄마가 간식거리를 챙겨서 진영이 방에 들어왔습니다.

"빵 먹어. 오늘 체육 해서 배고플 거 아냐."

엄마가 우유를 챙겨 주며 말했습니다.

"희영이 누나가 국비 장학생으로 뽑혔대."

"국비 장학생이오?"

"응. 나라에서 공부 잘하는 사람을 뽑아서 보내 주는 거야. 학비를 나라에서 다 대 주는 거지."

진영이는 고개를 끄덕였습니다.

"그런데 알고 봤더니 사정이 딱한 학생이 있어서 포기했대. 그리고 장학금 받은 거랑 아르바이트한 돈에다가 큰아빠가 아주 조금 보태 주셔서 가기로 했다는구나."

진영이는 잠깐이지만 누나가 쉽게 유학을 간다고 생각한 것이 미안했습니다. 그리고 심통을 부린 것도요. 그러고 보니 누나는 참 대단합니다. 지난 명절 때

　같이 모였을 때 외국에서 공부하고 와서 꼭 훌륭한 교수가 되겠다고 한 말이 기억납니다. 그 때 사촌형이 희영이 누나에게 퉁명스럽게 말했습니다.

　"요즘은 돈만 있으면 다 유학 간다고 하더라. 무슨 유행도 아니고, 그게 뭐냐? 한국에서 열심히 번 돈을 외국에서 펑펑 쓰고 말이야. 그 돈이면 우리나라에서도 충분히 공부해."

　그러자 희영이 누나는 형한테 똑부러지게 말했습니다.

　"누가 유행 따라서 유학을 가? 유학 가서 쓴 돈, 나중에 그만큼 벌어들이면 되지. 사람은 큰물에서 놀아야 큰 사람이 되는 거야, 알아? 그리고 난 꼭 돌아올 거야. 내가 배운 것을 학생들에게 가르쳐서 우리나라가 발전할 수 있도록 할 거야. 두고 봐, 내가 거짓말하는지."

옆에서 가만히 듣고만 있던 진영이는 누나처럼 야무진 사람은 무엇을 해도 잘할 거라는 생각이 들었습니다.

"하긴, 누나가 야무지기는 하지. 지금도 훌륭한데 외국에서 공부하고 오면 외국어도 잘하고 진짜 멋지겠다. 쩝, 부럽다."

진영이 말에 엄마는 진영이 머리를 쓰다듬으며 말했습니다.

"그치? 부럽지? 그리고 진영아. 엄마랑 아빠는 부자가 아니야. 그래서 말인데, 누나처럼 등록금이 싼 대학에 갈 생각 없니?"

"네?"

진영이는 엄마 말이 얼른 이해가 되지 않았습니다. 엄마는 두 눈을 가늘게 뜨고 웃으며 말했습니다.

"국립대학이 등록금이 싸대. 예를 들면 서울대학 같은 데 말이야. 어이쿠, 게다가 우리 집에서 가까우니까 교통비도 적게 들겠네."

"엄마, 대학이 무슨 초등학교야? 가까운 데로 가게."

진영이가 배시시 웃자 엄마가 고개를 끄덕였습니다.

"좋다. 엄마가 대학은 양보할게, 어떻게 국비 장학생, 안 될까?"

"엄마!"★

더 큰 무대를 위해 준비하자

옛날에는 다른 나라에 가려면 며칠씩이나 걸렸습니다. 오가는 것도 불편해서 외국에 한 번 나가는 일이 그야말로 큰일이었습니다. 또한 외국 사람을 보는 일도 드물어서 한때는 '우리나라에 온 외국 사람을 빤히 쳐다보지 맙시다.' 하고 캠페인을 벌였을 정도입니다.

하지만 지금은 외국에 나가는 일이 예전만큼 어려운 것도 아니고, 외국 사람들도 많이 봅니다. 자연스럽게 활동 범위도 넓어지고 만나는 사람들도 다양해졌습니다. 여러분이 어른이 되었을 때는 지금보다 더 넓은 세상에서 더 많은 사람들과 어울리게 될 것입니다. 그러려면 우리나라 안에서만 공부하는 것보다는 외국에서 공부하는 것이 다양한 지식과 경험을 쌓을 수 있는 이점이 있습니다.

우리나라에서 공부하는 것도 나쁘지는 않습니다. 하지만 보다 많은 경쟁력을 키우기 위해서는 세계를 무대로 삼는 것이 좋습니다. 특히 외국에서 학위를 받아 오면 더 높은 평가를 받을 수 있습니다. 물론 외국으로 유학을 가려면 학비며 생활비 등이 많이 들어요. 한두 해에 공부가 끝나는 것도 아니므로 부담이 많이 됩니다.

하지만 그 모든 것을 개인이 부담하지 않아도 되는 방법이 있어요. 나라나 기업에서 장학생을 선발한답니다. 또 성적이 우수하면 교환학생으로 외국에서 공부할 수 있는 기회도 있어요. 장학생이나 교환학생은 외국어는 물론 성적으로 뽑는 것이 보통입니다.

학생 때뿐만 아니라 어른이 되었을 때도 외국어를 잘하면 출장이나 해외 지사로 발령 받을 기회가 많아집니다.

넓은 세상에서 다양한 문화와 많은 사람들을 만난 사람이 그렇지 않은 사람들에 비해 꿈도 크고 생각도 깊다는 것은 말할 필요가 없겠죠?

14 상대방의 마음을 움직일 수 있어

지태는 친구들과 함께 쇼핑을 하러 가기로 했습니다. 다음 주에 가는 수학여행에 견호와 한기 이렇게 삼총사가 똑같은 티셔츠를 입고 가기로 했거든요.

지금까지는 엄마와 함께 쇼핑을 다녔습니다. 하지만 오늘은 다른 친구들과 함께 옷을 골라야 하기 때문에 용돈을 받았습니다.

삼총사는 옷가게를 돌아다니며 마음에 드는 옷을 골랐습니다.

"이야, 이거 멋지다."

"흠, 만화 캐릭터가 그려진 옷은 우리만의 옷이 될 수 없어. 우리만의 옷을 찾아야 한다니까."

다른 옷가게를 둘러보다가 한기가 말했습니다.

"우와, 저거 어때!"

"오호, 괜찮은데?"

마치 지태와 견호, 한기처럼 멋진 소년 세 명의 캐릭터가 그려진 티셔츠였습니다. 세 명은 그 옷을 구입하기로 했습니다.

디자인은 같지만 각각 색깔이 다른 옷으로 하기로 했어요. 지태는 초록색, 견호는 파란색 그리고 한기는 흰색으로 결정했습니다.

"아주머니, 이거 입어 봐도 되죠?"

지태가 묻자 아주머니는 귀찮은 듯이 말했어요.

"티는 입어 볼 수 없어. 집에 가서 입어 보고 안 맞으면 바꿔 줄게."

지태와 친구들은 조금 찜찜했지만 옷이 워낙 마음에 들었던 터라 그냥 사기로 했습니다. 그리고 티셔츠와 몇 가지 여행에 필요한 것을 더 산 뒤 헤어졌습니다.

집으로 돌아온 지태는 먼저 티셔츠를 입어 보았습니다. 그런데 막상 입어보니 생각보다 어울리지 않았어요.

"흠, 보기에는 초록색이 괜찮았는데 입어 보니까 별로네. 셔츠 길이도 좀 짧고 소매도 꽉 조이는 게 불편하잖아."

지태는 옷을 벗어 잘 개었습니다.

"그래서 입어보고 사야 하는 건데. 내일 애들이랑 다시 이야기해 봐야겠다."

지태는 옷이 더러워지지 않도록 옷장에 잘 넣어두었습니다.

이튿날 학교에서 지태는 견호와 한기에게 티셔츠를 입어 봤냐고 물어보았습니다.

"티셔츠 어때? 난 입어 보니까 생각보다 별로더라구."

그러자 한기가 기다렸다는 듯이 말했습니다.

"나는 입을 때 고생했어. 머리가 잘 안 들어가서 말이야. 내가 머리가 좀 크잖아. 만약 너희들이 괜찮다면 어떻게든 입어 보기는 하겠는데…….”

견호도 비슷한 의견이었습니다.

“나는 집에 와서 자세히 보니까 옷에 얼룩이 있더라고. 천에 문제가 있는 거 같아. 왜 염색이 덜 되어서 얼룩진 거 있잖아.”

결국 삼총사는 옷을 교환하기로 했습니다.

“오늘은 내가 학원을 가야 해서 옷을 바꾸러 갈 수 없어. 내일 같이 가면 안 될까?”

한기 말에 견호가 말했습니다.

“당연히 삼총사 옷은 다 마음에 들어야 하니까 다 같이 골라야지. 오늘은 옷도 안 가져 와서 다시 집에 가야 하니까, 내일 바꾸러 가자.”

그렇게 해서 삼총사는 다음 날 옷을 바꾸러 가기로 했습니다.

“아줌마, 옷 교환하러 왔는데요.”

“언제 사 갔는데 교환을 해 달라는 거니? 우리 가게에서 산 거 맞아?”

아줌마는 삼총사의 옷을 하나하나 살펴보았습니다.

“어제요. 집에 가서 입어 봤더니 좀 작고 어울리지 않아서요.”

“그래라.”

아주머니는 시큰둥하게 말했습니다.

삼총사는 괜히 쭈뼛쭈뼛하면서 옷가게의 옷을 골랐어요. 그런데 이렇다 할 마음에 드는 옷이 없었습니다.

“쩝, 다른 옷가게로 가 봐야겠네.”

"그러게. 마음에 드는 게 없다."

세 명은 다른 가게로 가기로 하고 아주머니에게 환불을 요구했습니다.

그러자 아주머니는 피식 웃으며 말했어요.

"우린 환불 안 해 줘. 교환만 돼."

"어, 그런 게 어디 있어요. 옷도 못 입게 하셨잖아요. 옷만 입어 봤으면 사지 않았을 거예요."

"맞아요."

견호와 한기가 볼멘 목소리로 말했습니다. 하지만 아주머니는 들은 척도 안 했습니다.

"어쨌든 우리 가게는 교환만 돼. 그리고 이 옷을 너희들이 입었는지 안 입었는지 어떻게 믿니?"

순간 세 사람은 숨이 턱 막혔습니다. 견호가 억울하다는 듯이 말했어요.

"아니에요. 우리 절대 안 입었어요. 믿어 주세요."

지태와 한기도 거들었습니다.

"맞아요. 옷 안 더럽혔어요."

"한 번도 안 입었어요. 그러니까 우리 돈 줘요."

까닥하다가는 티셔츠 값을 빼앗길 것 같은 생각이 들었습니다.

"그러니까 다른 옷으로 바꿔가라니까. 애들이 왜 이래, 정말. 짜증나게."

그 때 마침 옷을 사러 온 누나가 아주머니에게 말했습니다.

"아주머니, 조금 심하시네요."

아주머니는 누나를 힐끗 쳐다보았습니다.

"학생이 무슨 상관이에요?"

"듣자하니까 옷을 산 지 일주일도 안 되었고, 가게 어디에도 환불은 안 된다는 말이 없고, 옷 상태도 깨끗한데 왜 환불을 안 해 주세요?"

누나가 조목조목 따지자 아주머니가 막무가내로 말했습니다.

"학생이 뭔데 참견이야? 그리고 원래 우리 가게는 환불은 안 해 줘요."

"그러면 애들이 옷을 살 때도 그렇게 말씀해 주셨어요?"

"내가 분명히 교환은 해 준다고 했지?"

"환불은요?"

누나가 묻자 지태가 재빨리 대답했습니다.

"환불 얘기는 안 했어요. 그래서 당연히 해 주는 줄 알았죠. 엄마랑 같이 오면 해 줄 텐데."

"거 봐요. 아주머니가 실수하셨네요. 환불해 주세요. 안 그러면 소비자 보호 센터에 신고할 거예요."

누나가 강하게 나오자 아주머니는 별 수 없다는 듯이 돈을 환불해 주었습니다. 가게를 나오면서 삼총사는 누나에게 고맙다는 인사를 했습니다.

"고마워요, 누나. 어휴, 그래서 무얼 사려면 꼭 어른이랑 와야 한다니까."

한기 말에 누나는 빙긋 웃으면서 말했습니다.

"모든 어른들이 저런 식으로 장사를 하는 것은 아니야. 그리고 너희들도 옷을 사기 전에 환불은 되는지 교환은 되는지 확인했어야지. 무턱대고 환불해 달라고 하니까 아주머니가 더 안 해 주지. 하나하나 따지고 확인했으면 너희들도 충분히 환불받을 수 있었을 거야. 자, 그럼 쇼핑 재미있게 해."

"네, 고마워요."

삼총사는 누나와 헤어져 다시 쇼핑을 시작했습니다.

"자, 이젠 똑똑하고 야무지게 우리만의 옷을 고르자, 출동!"★

말 잘 하는 리더가 되는 방법

사람은 혼자 살 수 없습니다. 여러 사람과 함께 어울려 살아야 해요. 그러다 보면 서로 의견이 달라 마찰이 생길 수 있습니다. 그 때 상대방을 이해시키려면 내 생각을 조리있게 말할 줄 알아야 합니다. 다짜고짜 자기 생각만 말한다고 상대방이 내 의견을 따라 주지는 않습니다.

말에는 상대방을 설득시키고 이해시키는 보이지 않는 힘이 있어요. 조리 있게 핵심을 짚어 말하면 상대방을 내 편으로 만들 수도 있고, 많은 사람을 이끄는 리더가 될 수도 있습니다.

또한 말을 잘하면 때로는 같은 능력을 가진 사람보다 더 유능해 보이기도 해요. 그래서 말을 잘하는 사람은 성공할 확률이 높습니다.

말을 잘하려면 어휘가 풍부해야 합니다. 대화를 이끌어갈 수 있는 화제도 많이 있어야 합니다. 말 잘하기로 유명한 연예인은 하루에 다섯 종류의 신문을 읽는다고 합니다. 또 틈틈이 책도 읽으면서 지식을 쌓는다고 해요. 그렇게 쌓은 지식들은 다른 사람과 이야기할 때나 남들 앞에서 말을 할 때 많은 도움을 준다고 해요.

하지만 말을 잘하는 것은 무조건 말을 많이 하는 것과 유행어 등을 섞어 말을 재미있게 하는 것과는 다릅니다.

말을 잘하는 사람과 수다스러운 사람은 전혀 다릅니다. 아는 것이 없거나 얕은 지식으로는 말을 잘할 수 없어요. 가벼운 수다쟁이가 될 뿐입니다.

15 가만히 앉아서 세계 여행을 할 수 있어

오늘은 친척 오빠인 인수 오빠의 졸업 연주회가 있는 날입니다.

인수 오빠는 대학에서 피아노를 전공했습니다.

주경이는 언니인 도경이랑 엄마랑 같이 인수 오빠가 다니는 대학으로 갔습니다. 주경이는 가는 길에 꽃집에 들러 오빠에게 줄 꽃다발을 샀습니다. 그 때 도경이가 꽃집 언니에게 말했습니다.

"언니, 포장은 비닐로 하지 말고 부직포로 해 주세요. 연주회에 갈 거라 비닐은 소리가 나서 안 되거든요."

"아, 그래? 꼬마 아가씨가 아는 것도 많네?"

꽃집 언니는 환하게 웃으면서 예쁜 부직포로 포장해 주었습니다. 꽃집을 나오면서 주경이가 물었습니다.

"언니는 별 걸 다 안다? 그런 건 어떻게 알았어?"

"연주회 갈 때 에티켓 정도는 익혀 둬야지."

도경이 말에 주경이는 입을 삐죽 내밀었습니다.

졸업 연주회는 아주 멋있었습니다. 무엇보다 언니들이 입은 드레스에 정신을

빼앗겼습니다.

"엄마, 나도 피아노 칠래. 호, 드레스 입은 모습이 너무 예쁘다."

주경이는 연주는 뒷전이고 언니들 드레스에서 눈길을 떼지 못했습니다.

연주회가 끝나고 나오는 길에 고모를 만났습니다.

"어머, 주경이랑 도경이도 왔구나. 고마워, 인수가 좋아하겠다."

잠시 후 오빠가 대기실에서 나왔습니다.

"죄송해요, 외숙모. 많이 기다리셨죠. 인사 좀 하고 나오느라고요."

"오빠, 너무 멋있었어!"

"어, 너희들도 왔구나. 오빠가 맛있는 거 사 줄게. 외숙모님, 가세요."

오빠가 데리고 간 곳은 근사한 레스토랑이었습니다.

"어머, 인수야. 여기 비싸겠다. 우린 그냥 아무거나 먹어도 되는데."

엄마가 목소리를 낮춰 말했습니다.

"괜찮아. 인수 얘, 아르바이트해서 돈 많아. 아니, 외숙모랑 사촌동생들한테 이 정도도 못 사 줘? 안 그래?"

고모가 찡긋 윙크를 하면서 오빠에게 말했습니다.

"네네, 많이 드세요."

오빠는 웃으면서 메뉴판을 건네 주었습니다. 주경이는 메뉴판을 보고 눈앞이 깜깜해졌습니다. 음식 이름이 낯설어서 무엇을 시켜야 할지 몰랐어요. 게다가 이렇게 제대로 된 양식집은 처음이라 긴장도 됐습니다.

"엄마, 외숙모. 여기는 스테이크가 맛있거든요. 그냥 코스로 시킬게요. 이왕 한턱 내는 거, 제대로 내야죠."

"그래, 오늘 아들 덕 좀 톡톡히 보자."

그렇게 해서 모두 스테이크를 먹기로 했습니다. 주경이는 힘들게 메뉴를 고르지 않아도 되어서 살짝 안심했습니다.

그런데 주문을 받던 웨이터가 물었습니다.

"저, 고기는 어떻게 해 드릴까요? 수프는요?"

"헉! 저, 그게……."

주경이는 말문이 콱 막혔습니다. 그런데 도경이 언니는 아무렇지도 않게 말했습니다.

"미디움 웰던으로 해 주시고요, 수프는 양송이로 주세요."
주경이는 얼떨결에 "저도요."로 주문을 마쳤습니다.
어른들이 이야기하는 틈에 주경이는 도경이 옆구리를 쿡 찔렀습니다.
"언제 여기 와 봤어? 어떻게 그런 걸 다 알아?"
"바보야, 꼭 와 봐야 아니? 책이며 텔레비전 보면 다 나오는데."
도경이는 그렇게 쏘아 주고는 오빠에게 말했습니다.
"오빠, 아까 연주한 곡이 뭐야?"
"응, 슈베르트 곡이야."
"어, 슈베르트는 가곡을 주로 작곡한 음악가 아니야?"
"아, 그렇지는 않아. 가곡을 많이 작곡했지만 피아노곡도 좋은 게 많아."

오빠는 도경이와 슈베르트에 대한 이야기를 나누었습니다.

혼자가 된 주경이는 냅킨만 만지작거렸습니다.

곧 음식이 나왔습니다. 맨 처음에 샐러드가 나왔어요. 주경이는 포크를 들어 샐러드를 쿡 찍었습니다.

"어머, 쟤 좀 봐. 얘, 그건 메인 요리 포크야. 샐러드 포크는 이거야. 바보같이 그것도 모르냐?"

도경이가 포크를 바로 잡아 주었습니다. 주경이는 순간 얼굴이 빨개졌습니다.

"언니, 진짜 여기 와 봤지? 나 몰래 엄마 아빠랑 와 봤지?"

도경이는 어이없다는 듯이 웃으며 말했습니다.

"와 보긴 누가 와 봐? 텔레비전에서 못 봤어? 꼭 해 봐야 아냐고! 어휴, 무식하게 큰 소리로 떠들고. 이래서 사람은 배워야 하는 거야, 알았어?"

도경이가 놀리는 바람에 주경이는 얼굴이 빨개졌습니다. ★

다른 사람의 지식을 얻는 법

🇰🇷 **칸트는 유명한 철학자입니다.** 그런데 칸트가 고향 땅 밖으로 한 번도 나간 적이 없다는 사실을 아나요? 그런 칸트가 독일 관념론 철학의 선두자가 될 수 있었던 것은 바로 독서 때문입니다.

칸트는 문학은 물론 여행, 지리, 과학 등 광범위한 독서로 그 누구보다 세상에 대해 많이 알았습니다. 그리고 지금까지 많은 사람들의 존경을 받고 있죠.

세상에는 많은 지식과 지혜들이 있습니다. 그 모든 것을 직접경험을 통해 안다는 것은 불가능해요. 그래서 간접경험이 필요합니다.

간접경험은 직접경험과 마찬가지로 사람을 발전시킵니다. 또한 인생관과 명확한 가치관을 만드는 데에도 도움을 줍니다.

간접경험을 할 수 있는 가장 좋은 방법이 독서입니다. 우리는 책을 통해 빠른 시간 안에 많은 것을 배울 수 있습니다. 예를 들어 한 과학자가 평생을 연구해서 얻은 결과를 우리는 책 한 권으로 그 모든 지식을 얻을 수 있습니다. 탐험가나 여행가가 가 본 세계 곳곳을 우리는 앉은 자리에서 책을 통해 다 가 볼 수 있습니다.

이렇듯 책을 통해 먼 옛날부터 먼 미래의 이야기도 알 수 있고 가 보지 못한 곳, 먹어 보지 못한 것에 대해서도 알 수 있습니다. 선인들의 지혜와 지식을 얻을 수 있고 마음의 양식을 쌓을 수 있습니다. 뿐만 아니라 책을 읽으면 상상력과 집중력 그리고 생각하는 힘도 기르게 됩니다.

그 나라의 문명 수준과 국민 소득 수준은 국민들의 독서량과 비례한다고 합니다. 독서를 통해 다양한 지식을 습득하는 것은 개인은 물론 나라를 살찌우는 일이에요. 선진국 국민들이 책을 많이 읽는 것이 아니라, 책을 많이 읽어서 선진국 국민이 된 것입니다.

16 쓰면 쓸수록 더 좋아지는 머리

세림이는 딸 부잣집 셋째 딸입니다. 위로 두 살씩 터울이 지는, 중학교에 다니는 언니가 두 명 있습니다. 두 언니 모두 세림이의 초등학교 선배로, 세림이가 초등학교에 입학했을 때 전교에서 공부 잘하고 예쁜 자매로 유명했습니다. 그래서 선생님들은,

"네가 세영이, 세희 동생이니?"

하고 먼저 아는 체를 할 정도였습니다.

처음에는 언니들이 자랑스러웠습니다. 그런데 학년이 올라갈수록 언니들은 부담이 되었습니다.

"어머, 세희는 글씨를 잘 썼는데 너는 왜 이러니?"

"세영이 언니가 공부 안 가르쳐 주니? 세영이는 잘하던데……."

세림이 성적이 언니들만 못하니까 비교가 되는 것이었어요. 언니들은 공부면 공부, 그림이면 그림, 노래면 노래 뭐든 잘하는데 세림이는 공부는 물론이고 그림이며 노래 무엇 하나 뛰어난 것이 없었습니다. 그러다가 어제 결국 사건이 일어나고 말았습니다.

숙제를 하다가 모르는 것이 있어서 큰언니인 세희에게 물었습니다.

"언니, 이 문제 잘 모르겠어."

세희는 세림이가 내민 문제를 보고는 코웃음을 쳤습니다.

"야, 왜 이걸 몰라? 척 보면 계산도 안 하고 답이 나오겠다. 봐."

세희는 연습장에 빠르게 문제를 풀었습니다. 세림이는 미처 그 속도를 따라가지 못하고 멍하니 바라만 보았습니다.

"자, 이렇게 하면 답이 나오잖아. 알겠어?"

"어, 너무 빨리 설명해서 잘 모르겠어. 한 번만 더 설명해 줘."

그러자 세희는 한숨을 푹 쉬었습니다.

"이게 뭐가 빨라. 그렇게 머리가 안 돌아가? 그만 둬라. 이런 문제도 이해 못하면서 무슨 공부를 한다고……."

세림이는 세희 말에 화가 났습니다. 그래서 세희의 머리카락을 확 잡아당겼습니다.

"아악!"

세희는 비명을 지르며 세림이 머리카락을 잡았습니다. 두 자매가 서로 머리카락을 잡은 채 씩씩거렸습니다.

"김세림, 이거 안 놔? 좋은 말로 할 때 빨리 놔!"

세림이는 손가락에 힘을 더욱 꽉 주었습니다. 그러자 세희는 눈물이 찔끔 나 큰 소리로 엄마를 불렀습니다.

"아야, 엄마!"

"아니, 얘네들이!"

세희 비명 소리에 달려온 엄마는 세림이를 간신히 떼어놓았습니다.

세림이는 분이 가시지 않아 잔뜩 뽑힌 세희 머리카락을 손에 쥐고 씩씩거리기만 했습니다.

"어휴, 저 무식하고 힘만 센 것 같으니라고. 그래, 너처럼 머리 나쁜 애들이 뭐든 힘으로만 하려 들지."

세희가 놀리자 세림이는 다시 달려들려고 했습니다.

"세림아! 그리고 세희 너도 동생한테 무슨 말이야? 둘이 어서 화해해."

엄마의 목소리에 세희도 세림이도 움찔했습니다. 정말로 화해하기 싫지만 버티다가는 지난 번처럼 둘 다 집 밖으로 내쫓길 것입니다.

어쩔 수 없이 세희와 세림이는 악수를 하고 화해했습니다.

그러자 그제야 세림이 두 눈에서 눈물이 흘렀습니다. 언니한테 무시당한 것이 너무 분하고, 정말 자신이 머리가 나쁜 건가 하고 생각하면 서럽기까지 했습니다.

이튿날 세림이는 학교 수업 시간에 멍 하니 창 밖만 바라보았습니다. 선생님 말씀은 귀에 들어오지도 않았고, 온 몸에 힘이 쭉 빠져 창 밖만 바라보고 있었습니다.

'정말 난 머리가 나쁜 건가. 왜 나만 이렇지?'

세림이는 눈물이 핑 돌았습니다. 하루 종일 기운도 없었습니다.

수업을 마치고 집으로 돌아오니 엄마가 김치를 담그고 있었습니다.

"세림이 왔니?"

"네."

세림이는 힘없이 대답하고는 방으로 들어갔습니다.

"세림아, 손 씻고 와서 엄마 좀 도와 줘."

엄마의 말에 세림이는 손을 씻고 부엌으로 갔습니다.

"어휴, 엄마 혼자 하려니 힘들었는데 다행이다. 거기 고춧가루 좀 넣어 줄래?"

"이 만큼요?"

세림이는 고춧가루를 퍼서 김치 속 양념에 뿌렸습니다.

"그래. 어떻게 엄마가 원하는 만큼을 딱 넣었네?"

엄마는 환하게 웃었습니다.

"엄마가 하시는 걸 만날 보는데, 뭐. 근데 김치 속이 남겠다."

"그치? 남으면 뭐, 냉동실에 넣어 두었다가 나중에 배추만 사서 또 해먹지."

세림이는 엄마가 김치 속을 넣는 동안 빈 그릇이며 어지럽혀진 부엌을 치워나갔습니다.

"세림이는 어떻게 엄마 마음을 이렇게 잘 알까? 언니들보다 낫다."

"치."

세림이는 입을 삐죽거렸습니다.

"언니들은 나보다 공부도 잘하고 머리도 좋잖아."

"세림이가 어때서?"

엄마는 두 눈을 동그랗게 뜨고 물었습니다.

"난 머리도 나쁘고 공부도 못하고……."

세림이가 시무룩하게 말하자 엄마가 배추 속을 넣다 말고 말했습니다.

"누가 머리가 나쁘대? 엄마가 보기에는 셋 중 가장 눈썰미가 좋은데. 봐, 엄마가 원하는 것을 척척 다 알아서 해 주잖아."

세림이는 엄마 얼굴을 바라보았습니다. 엄마는 환하게 웃으며 말을 이었습니다.

"아직 4학년인데 벌써 그래? 언니들도 학년이 올라가면서 하나하나 배웠어. 그러니까 세림이도 곧 잘하게 될 거야. 아직 드러나지 않아서 그렇지, 열심히 공부하고 배우고 그러면 제 실력이 나올 거라고."

엄마는 그렇게 말하고 갑자기 웃음을 터뜨렸습니다.

"호호호, 내가 말을 안 해서 그렇지 세영이가 세 살이 되도록 말을 못해서 엄마가 얼마나 걱정했는지 아니? 또 세희는 한글을 얼마나 어렵게 배웠는데. 엄마가 가르치다 가르치다 못하고 결국 초등학교 1학년 때야 겨우 한글을 배웠어. 그래도 지금은 수다쟁이에 글짓기 여왕이잖아."

"정말? 정말 세영이 언니가 말을 못했어? 세희 언니는 한글을 힘들게 배웠고?"

세림이는 믿을 수가 없었습니다.

"그렇다니까. 그러니까 지금 머리가 나쁘다고 걱정할 것도 없고, 지금 머리 좋다고 자랑할 것도 없어. 지금 아이큐가 평생 아이큐가 될지, 더 좋아질지 아무도 몰라."

세림이는 엄마 말을 듣고 나니 한결 마음이 가벼워졌습니다. ★

앞으로 내 아이큐는 150

사람의 뇌는 곧잘 기계에 비유되곤 합니다. 기계가 쓰면 쓸수록 부드러워지고 성능이 좋아지고 그렇지 않으면 녹슬듯이 사람의 뇌도 마찬가지예요. 마치 한 번씩 머리를 쓸 때마다 기계에 기름칠한 듯 머리 회전이 빨라집니다.

실제로 미국과 일본에서 연구팀이 공부를 하거나 시험을 보기 위해 머리를 쓰면 신경세포가 증가하고 기억력이 증가된다는 실험 결과도 얻었습니다.

혹시 머리를 너무 써서 머리가 나빠지면 어쩌나 걱정하고 있나요? 걱정 마세요. 보통 사람들은 평생 뇌의 10%만 활용한다고 합니다. 세기의 천재라고 불리는 아인슈타인도 15%도 채 다 활용하지 못했다고 해요.

흔히 고등학교 때 머리가 가장 좋고 그 후로는 점점 아이큐가 떨어진다고 하는데, 그것은 잘못된 상식입니다. **대부분 고등학교 때 가장 아이큐가 높은 이유는 그 때 공부를 가장 많이 하고 머리를 가장 많이 쓰기 때문이에요. 머리는 쓰면 쓸수록 좋아집니다.**

또한 머리는 타고나는 것이 아닙니다. 아이큐 100이 조금 넘는 사람이 고등학교를 졸업하고 집안 사정 때문에 학업을 중단하고 군대에 갔습니다. 제대하고는 다시 공부를 시작해 좋은 대학에 들어갔어요. 사법고시에도 합격해서 변호사의 꿈을 이루었습니다.

지금 아이큐가 100이라고 해서 평생 100인 것은 아닙니다. 뇌를 어떻게 활용하느냐에 따라 앞으로 아이큐가 150이 될 수도 있고, 80이 될 수도 있는 것입니다.

17 내가 나라의 힘을 키울 수 있어

윤지는 이번 여름방학 때 엄마 아빠와 함께 독일로 여행을 갑니다. 아빠가 독일 출장을 가게 되었는데, 겸사겸사 엄마와 윤지까지 따라가게 된 거예요.

독일에는 윤지의 사촌 언니인 가영 언니가 있습니다. 마치 친자매처럼 지냈기 때문에, 언니가 독일로 유학을 간다고 할 때는 정말 둘이 붙잡고 한참을 울기도 했습니다.

그런데 가영 언니를 만날 수 있다니, 윤지는 당장이라도 독일로 달려가고 싶은 심정이었습니다.

"우와, 정말요? 그러면 가영 언니도 볼 수 있는 거예요?"

윤지는 가영 언니가 못 본 사이 어떻게 변했을지, 또 독일에서 혼자 어떻게 생활하는지 궁금했습니다.

아빠는 서류들을 챙기면서 말했습니다.

"응, 그래야 할 거 같아. 아빠가 독일 프랑크푸르트뿐만 아니라 뮌헨까지 다녀와야 하거든. 셋이 같이 움직이면 아무래도 경비가 많이 들 것 같구나."

며칠 가영이 집에서 신세 좀 져야겠어."

"으흐흐, 신난다!"

드디어 열 시간이 넘게 비행기를 타고 독일에 도착했습니다.

독일로 떠나는 날, 비행기를 처음 타 보는 윤지는 마음이 들떠서 가만히 있을 수가 없었습니다. 그런 윤지를 보고 엄마가 걱정스럽게 말했습니다.

"지금은 좋아서 웃고 있지만, 13시간 동안 가야 하는데 지루해서 어쩌니?"

"괜찮아요. 밥도 먹고 영화도 보고 음악도 듣고. 그리고 가영 언니를 만날

텐데 뭘."

윤지는 환하게 웃으며 대답했습니다.

독일에 도착하니 가영 언니가 마중나와 있었습니다.

"작은아빠, 작은엄마. 윤지야!"

"언니!"

윤지는 한걸음에 달려가 가영 언니와 포옹을 하였습니다.

프랑크푸르트 공항에서 아빠는 회사 일을 보러 뮌헨으로 다시 출발했습니다. 아빠를 배웅하고 엄마와 윤지는 가영이 언니 집에 짐을 풀었습니다.

"좁지만 그래도 지낼 만할 거예요. 작은엄마는 윤지랑 침대에서 주무세요. 저는 소파에서 자면 돼요."

"무슨 소리니. 내가 소파에서 잘게. 괜히 우리가 폐만 끼치는구나."

엄마는 언니 말에 손사래를 쳤습니다. 언니는 웃으면서 소파를 쫙 펴 보였습니다.

"손님을 어떻게 소파에서 주무시게 해요. 이건 침대로도 쓸 수 있는 거예요. 괜찮아요."

그래도 엄마는 미안한 듯 밤에 선뜻 잠자리에 들지 못했습니다. 윤지는 긴 여행이 힘들었는지 바로 코를 골며 잠이 들었습니다.

이튿날, 엄마는 짐을 정리하면서 언니에게 말했습니다.

"그래도 방값은 해야지? 가영아, 가서 김칫거리 좀 사와. 작은엄마가 아예 작정을 하고 고춧가루며 이것저것 양념을 다 가져왔거든."

엄마 말에 언니 얼굴이 환해졌습니다.

"정말요? 우와, 간만에 포식하겠다. 윤지야, 같이 갔다 오자."

윤지는 독일 시장도 구경할 겸 냉큼 따라나섰습니다.

현관을 나서는데 한 외국인 오빠가 언니를 보더니 큰 소리로 말했습니다.

"알로, 대~한 민국!"

그러자 언니는 웃으면서 "짝짝 짝 짝짝." 하고 박수를 쳤습니다. 그리고 서로 웃으면서 "츄스." 하고 인사를 하고 헤어졌습니다.

"어머, 언니. 저 오빠, 어떻게 우리나라 응원 박수를 알아?"

언니는 걸으면서 설명을 해 주었습니다.

"이번에 독일에서 월드컵이 개최되잖아. 그래서 2002년 한일 월드컵에 관심이 많아. 특히 붉은 악마에 독일 사람들이 다 반해 버렸어. 솔직히 그 때까지 우리나라를 아는 사람들이 별로 없었어. 일본이나 중국이랑 구분 못하는 사람도 많았고. 한일 월드컵도 일본에서 하는 줄 아는 사람이 많았다니까. 그런데 우리가 4강에 오르고 온 국민이 한 마음이 되어 응원하는 것을 보고 대한민국 팬이 많아졌어."

언니 말을 듣고 보니 괜히 가슴이 뿌듯해졌습니다.

"지금은 그런 분위기가 많이 없어졌지만, 2002년도에는 애나 어른이나 다 대한민국 박수를 치고 필승 코레아를 따라 부르고, 정말 야단법석이었다니까."

언니도 그 때 일이 생각나는지 신나게 이야기를 했습니다.

슈퍼에 들러 야채와 필요한 물건들을 사고 있는데, 한 외국 아주머니가 언니에게 무언가 물었습니다. 언니는 웃으면서 대답했습니다.

윤지는 귀머거리에 벙어리가 된 것 같았어요. 사람들이 하는 말을 하나도 못 알아들으니까 답답했습니다.

"어휴, 언니. 이번엔 또 뭐야?"

"응. 나보고 한국 사람이냐고 물으면서 김치, 어떤 게 맛있냐구. 솔직히 그 전에는 나한테 한국 사람이냐고 묻는 외국인도 별로 없었어. 다들 일본인 아니면 중국인이냐고 물어봤단다. 내가 그렇게 생겨서가 아니라, 여기 사람들이 아는 동양 나라가 없었던 거야."

야채를 한 바구니 사들고 오면서 언니는 윤지에게 이런 저런 이야기를 해 주었습니다.

"내가 한국 사람이라고 하면 거기가 어디냐고 할 때는 어휴, 정말 지도라도 펴 놓고 설명해 주고 싶었다니까. 심지어는 일본이나 중국의 한 도시가 아니냐고 하는 사람도 있는 거 있지? 그런데 2002년 월드컵이랑 맞아, 저거 때문에 요즘은 한국 사람이냐고 먼저 묻는 사람이 많다니까."

언니가 손가락으로 가리킨 것은 휴대폰이었습니다. 가게에 휴대폰이 쭉 전시되어 있었습니다. 밖에서 보기에도 우리나라 제품이 가장 보기 좋은 곳에 있었어요.

"우와, 우리나라 핸드폰을 여기에서 보니까 너무 신기해."

윤지는 쇼 윈도우에 찰싹 붙었습니다. 언니도 옆에 서서 말했어요.

"그치? 핸드폰뿐만 아니라 세탁기며 텔레비전도 우리나라 게 유명해.

텔레비전에서 CF 광고도 한다니까. 인기도 좋아서 없어서 못 판대."

윤지는 깜짝 놀라 두 눈이 동그래졌습니다.

"정말?"

"응. 나보다 먼저 이민 온 아저씨나 아주머니들이 그러는데, 옛날에 우리 나라가 별로 잘 알려지지 않았을 때는 서러움도 많이 겪었대. 나라에 힘이 없으니까 무시도 많이 당하고. 그런데 지금은 대한민국을 모르는 사람이 없고 특히 좋은 쪽으로 많이 알려져서 안 먹어도 배부르다고 해."

그러고 보니 윤지도 먼 외국에서 우리나라 핸드폰을 보니 어깨가 으쓱해지는 것 같았습니다.

"내 나라의 힘을 키우는 것은 한 사람만의 노력이 아닌 거 같아. 많은 사람들이 다 같이 노력하고 애쓰고 공부해야만 나라 힘도 커지는 거 같아. 그래서 나도 공부하다가 힘들면 그런 생각을 해. 공부를 열심히 하면 물론 나도 훌륭해지지만, 내 나라도 훌륭해질 거라고 말이야."

가영 언니는 그렇게 말하고 입을 야무지게 다물었습니다. 그리고 잠시 있다가 윤지가 옆에 있다는 것을 깨달았는지 멋쩍게 웃었습니다.

"이런, 너무 늦었다. 어서 가자. 작은엄마가 기다리시겠어."

"응, 언니."

가영 언니와 함께 걸으면서 윤지는 왠지 자신도 공부를 열심히 해야겠다는 생각이 들었습니다. ★

내가 대한민국의 힘!

선진국과 후진국은 경제와 정치적인 것 이외에 국민의 수준으로도 결정됩니다.

문맹률이 높은 나라는 그렇지 않은 나라에 비해 수준이 떨어지기 마련이죠. 배우지 못한 사람이 많으면 국가가 발전할 수 없고 다른 나라와의 경쟁력도 떨어집니다.

국제사회는 '힘'이 지배하는 사회입니다. 힘이 없으면 내 나라의 입장과 이익을 주장할 수 없습니다. 국제사회에서 우리나라가 정당한 대우를 받으려면 국력을 키우는 수밖에 없습니다. 그 힘은 정치를 하는 사람이나 기업가 또는 애국자들만 노력한다고 해서 이루어지는 것이 아닙니다. 그야말로 모든 국민들이 합심했을 때 키울 수 있습니다.

"내가 무슨 힘이 있겠어." 하고 생각할지도 몰라요. 그러나 '나비 효과'라는 말을 아나요? 중국에 있는 나비의 날갯짓이 다음 달 미국에 폭풍을 일으킬 수도 있다는 과학 이론입니다. 다시 말해 지금은 작은 힘일지 몰라도 나중에는 거대한 바람을 불러일으킬 수도 있습니다.

반드시 세계적으로 유명한 사람이나 역사에 남을 만큼 큰 업적을 남겨야만 나라에 도움을 주는 것은 아닙니다. 나비 효과처럼 작은 힘들이 모여 큰 힘을 만들 수도 있습니다. 국민 한 사람 한 사람이 노력하면 나라의 힘은 커지기 마련입니다.

나라를 키울 수 있는 가장 확실한 힘은 지식입니다. 경제든 문화든 과학이든 모든 분야에서 지식이 없으면 아무것도 할 수 없습니다.

우리가 공부를 하는 이유는 개인의 성공을 위해서뿐만 아니라, 우리나라의 힘을 키우기 위해서이기도 합니다.

제2장

과목별 공부 이유와 공부 방법

국어

+ 국어 공부는 왜 할까?

　국어는 우리나라의 말과 글입니다. 만약 국어를 모른다면 말하지도, 듣지도 그리고 쓰지도 못할 것입니다. 공부뿐만 아니라 국어는 생활에 기본이 되는 것입니다. 국어는 다른 사람의 생각을 올바르게 이해하고 자신의 생각을 올바르게 표현하기 위해 배우는 것입니다. 잘못된 표현이나 예의에 어긋나는 표현은 의사소통을 하는데 어려움을 주며 자칫 오해를 살 수도 있습니다. 또한 국어 실력이 형편없으면 다른 과목을 공부할 때 이해력도 떨어지고, 수준 높은 지식과 정보를 얻을 수도 없습니다.

　우리 민족의 역사와 사상 그리고 철학이 모두 국어를 바탕으로 이루어져 있습니다. 그러므로 국어를 잃는다면 이 모든 것을 잃게 됩니다. 일제 강점기 때 일본이 우리말을 사용하지 못하게 한 것도 그러한 이유 때문입니다. 그러므로 아름다운 우리말을 지키기 위해서라도 국어 공부는 소홀히해서는 안 됩니다.

　우리말과 글이라고 해서 국어를 쉽게 생각하는 학생들이 있습니다. 하지만 모든 것에 기본이 되는 만큼 준비를 단단히 해 두지 않으면 국어는 물론 다른 과목까지 손해를 볼 수 있습니다.

국어 공부
이렇게 해 봐

1) 기본을 알자

*미리읽기를 하자

수업을 받기 전에 국어 교과서를 한 번쯤 읽어 보도록 하세요. 미리 읽어 두지 않으면 수업 시간에 아주 생소한 글을 대하게 됩니다. 그런 상태에서 수업을 받게 되면 이해력이 떨어져 수업이 점점 재미없어지겠지요.

중학교, 고등학교에 가면 본문이 길어집니다. 갑자기 긴 글을 읽으면 앞뒤 내용을

내일 수업 시간에 당황하지 않으려면 한번 읽어 봐야 해.

다 파악하지 못하기도 해요. 미리 국어책을 읽는 습관을 들여 수업 시간에 집중할 수 있도록 하세요.

*스스로 단락을 나누고 정리해 보자

국어는 수학처럼 숫자를 가지고 푸는 것도 아니고, 영어처럼 다른 나라의 말을 배우는 것도 아닙니다. 한글로 쓴 우리글을 배우는 것입니다. 그런데 왜 어려울까요? 그 이유는 내용을 파악하지 못했기 때문입니다.

국어는 글의 내용을 정확하게 이해하는 능력을 키워야 하는 과목입니다. 그러므로 미리 내용을 파악하고 수업을 받는 것이 좋습니다.

예습할 때 스스로 단락을 나눠 보세요. 그리고 각 단원의 핵심어가 무엇이고, 지은이가 말하고자 하는 점이 무엇인지 정리합니다. 그런 후에 수업 시간이나 참고서를 보고 자신이 올바르게 글을 이해하고 있는지 확인해야 합니다.

물론 참고서가 정리도 잘 되어 있고 보기도 편합니다. 하지만 아무리 좋은 참고서로 공부한다고 해도 스스로 이해하지 않으면 아무런 도움이 되지 않습니다.

*국어사전을 활용하자

모르는 영어 단어가 나오면 사전을 찾아보듯 모르는 단어가 나오면 국어사전을 찾아보나요? 대부분 귀찮아서 또는 별로 중요한 것 같지 않아서 그냥 넘어갈 것입니다.

하지만 계속 그런 식으로 넘어가다가는 어휘력이 부족해져 문장을 제대로 이해하지 못하게 됩니다. 사전을 찾아보는 것은 창피한 것이 아닙니다. 모르는 것을 그냥 넘어가는 것이 오히려 창피한 것입니다.

무엇보다 수학 능력 시험에는 교과서 밖의 글이 지문으로 많이 출제됩니다.

지금부터 어휘력을 쌓아 두지 않으면 나중에 글의 내용은 물론 문제조차 제대로 이해하지 못하는 경우가 생길 수 있습니다.

2) 문제를 많이 풀어 보자

*문제로 공부하기

국어 문제는 얼마나 교과서 내용을 이해했는지 알아보기 위해서만 푸는 것이 아닙니다. 문제를 통해 본문을 새롭게, 제대로 이해할 수도 있습니다. 정말 중요한 것이 무엇인지 문제를 풀면서 깨닫게 됩니다.

또한 국어 문제는 다른 과목에 비해 지문이 길어요. 중·고등학교에 가면 더욱 길어지고 수능시험에는 생소한 지문이 출제됩니다. 따라서 지문을 읽고 문제를 풀다 보면 시간이 모자라는 경우가 생긴답니다.

  그러므로 글을 빠르게 읽되 내용을 파악하는 훈련이 필요합니다. 그러한 훈련은 문제를 많이 풀어 보는 수밖에 없습니다. 또한 문제 유형을 익히기 위해서도 많은 문제와 접하는 것이 좋습니다.

3) 책을 많이 읽자

*책을 많이 읽자

책은 기본적으로 사람에게 지식과 감정을 줍니다. 하지만 그것뿐만 아니라 이해력이 풍부해지고 지구력과 집중력이 커지기 때문에 공부하는 데도 많은 도움이 됩니다. 또한 창의력 개발을 위해 따로 애쓸 필요 없이 독서 하나로 모두 해결할 수 있습니다.

독서는 국어뿐만 아니라 다른 과목을 이해하고 공부하는 데 기초가 되므로 아주 중요하고 반드시 필요한 것입니다.

*제대로 된 독서를 하자

책을 많이 읽는 것은 물론 중요하시만 그것보다 더 중요한 것은 책을 제대로 읽어야 한다는 것입니다.

대충 읽는 독서는 아무런 도움이 되지 않습니다. 책을 읽을 때는 맨 먼저 목차와 글머리를 읽도록 하세요. 그러면 지은이가 왜 이 책을 썼고, 이 책에서 무엇을 얻을 수 있는지 전체적인 윤곽을 잡는 데 도움이 됩니다.

그리고 읽으면서 글의 내용과 자신의 생각을 비교해 보세요. 생각하지 않고 무작정 읽으면 책 제목만 기억날 뿐, 글의 내용과 요점은 머리에 남지 않습니다.

*책을 읽으면서 메모하자

책을 읽다가 좋은 문장이나 모르는 단어 등이 나오면 메모해 두는 습관을 들이세요. 좋은 문장은 나중에 글을 쓸 때 도움이 되고 단어는 어휘력을 늘릴 수 있습니다.

또한 등장 인물의 성격, 배경 등을 살피고 재미있고 감동적인 부분을 메모하며 읽으세요. 그러면서 나름대로 줄거리를 머리 속으로 정리하는 습관을 들이면 교과서 공부를 할 때 단원 정리에도 도움이 될 것입니다.

*다양한 책을 읽자

편식을 하면 몸에 안 좋듯 책도 한 장르만 읽으면 폭넓은 지식을 쌓을 수 없습니다. 독서를 통해 국어 공부뿐만 아니라 과학이나 사회, 수학 등 여러 분야의 지식을 쌓을 수 있습니다.

또한 시험에는 다양한 형식의 글이 출제됩니다. 그렇기 때문에 책뿐만 아니라 신문, 잡지 등도 읽는 습관을 들이도록 하세요.

*독후감을 쓰자

책을 다 읽었으면 독후감을 반드시 쓰세요. 읽은 책의 줄거리와 자기 생각 등을 간단하나마 정리하세요. 머릿속으로만 생각했던 것과 달리 책의 내용을 정리할 수 있게 됩니다. 굳이 똑같은 형식으로 쓸 필요는 없습니다. 주인공에게 편지를 쓰기도 하고, 내가 만약 주인공이라면 어떻게 했을지 느낌을 적어 보도록 하세요.

그러면 책을 더욱 가까이 접하게 되고, 많은 지식을 얻을 수 있을 것입니다.

*독서 토론을 하자

친구들과 같은 책을 읽고 각자 느낌을 말하는 독서 토론을 해 보세요. 다른 사람들은 어떤 감동을 받았는지, 어떤 장면이 인상 깊었는지에 대해 이야기를 나누어 보세요. 그러면 책에 대해 새로운 느낌을 받을 수도 있고 이야기를 나누면서 점점 자신의 생각을 조리있게 말할 수 있게 됩니다.

4) 나도 작가

*일기는 꼭 쓰자

  일기는 하루를 정리하면서 쓰는 글입니다. 그 날 있었던 일이나 느낌 등을 매일 매일 기록하는 거죠.

  대부분 일기가 숙제이기 때문에 귀찮아하는 학생들이 있는 것 같습니다. 하지만 일기를 쓰면서 자신의 행동과 생각을 반성하기도 하고, 어려움에 잘 대처한 것들을 돌아보면서 하루하루 성장하는 것을 알 수 있습니다. 그리고 날마다 일기를 쓰다 보면 여러 가지에 대해 생각할 수 있고, 자신의 생각을 표현할 수 있는 능력이 길러집니다. 위와 같은 능력은 나중에 논술이나 글을 쓸 때 그 빛을 발할 수 있답니다.

*다양한 글짓기를 해 보자

책을 아무리 많이 읽어도 직접 써 보지 않으면 글쓰기 실력이 늘지 않습니다. 머리로 생각하는 것과 입으로 말하는 것 그리고 손으로 쓰는 것은 각각 다릅니다.

아는 것이 많은 사람이 글을 잘 쓰는 것도 아니고, 말을 잘하는 사람이 글을 잘 쓰는 것도 아닙니다. 글은 많이 써 본 사람이 좋은 글을 쓸 수 있습니다.

그리고 직접 글을 많이 써 봐야 자신의 글이 논리적인지, 잘못 사용하고 있는 표현은 없는지, 너무 많이 쓰는 부사나 형용사는 없는지 등을 알 수 있습니다. 이렇게 자신도 모르는 습관을 발견하다 보면 논리적으로 말하는 것에도 큰 도움이 될 수 있습니다.

*제대로 된 글쓰기

글을 쓰기 전에 우선 무엇에 대해 쓸 것인지 적당한 소재를 결정해야 합니다. 그리고 제목을 정합니다. 제목은 글의 내용을 잘 나타낼 수 있는 것이어야 해요.

제목을 정했으면 이제 어떤 형식으로 글을 쓸 것인지 틀을 만들어야 합니다. 수필인 경우는 자신의 개성이 잘 드러나야 할 것이고, 기행문인 경우는 여행의 흐름에 따라 글을 써야 할 것이고, 논설문이면 자신의 의견을 분명하게 주장해야 할 것입니다.

글을 다 쓴 다음에는 찬찬히 다시 읽으면서 어색한 표현이나 맞춤법, 띄어쓰기 등을 바르게 고쳐야 해요. 글은 다듬으면 다듬을수록 더 좋은 글이 될 수 있습니다.

*다른 사람이 쓴 글에서 배우자

글쓰기가 자신 없거나 더 좋은 글을 쓰고 싶다면 다른 사람이 쓴 글을 많이 읽어 보세요. 그리고 나름대로 분석도 해 보고, 나라면 이렇게 썼을 텐데, 하고 자신의 의견도 적어 봅시다.

또 좋은 글을 그대로 옮겨 적는 것도 좋은 방법입니다. 실제로 많은 작가들도 좋은 글을 하나하나 직접 옮겨 쓰다 보면 눈으로 읽을 때는 몰랐던 부분을 발견할 수도 있고, 글 쓰는 방법을 터득할 수도 있다고 합니다.

*논술 준비를 하자

대학입학 시험에 논술이 차지하는 비율이 점점 높아지고 있습니다. 수능시험이 아직 먼 일이라고 생각할지도 모르지만, 논술만큼은 지금부터 책을 많이 읽고 글을 많이 쓰면서 준비하세요. 그러면 나중에 따로 논술 공부를 할 필요가 없어질 것입니다.

논술은 주어진 주제를 얼마나 정확하게 이해하고 얼마나 폭넓게 생각했는지 확인하는 시험입니다. 따라서 무엇보다 자기 주장이 확실해야 하고 글에서 자신감을 느낄 수 있어야 합니다.

그렇다고 무턱대고 써 내려가면 무슨 소리를 하고 있는지 자신도 모르게 됩니다. 결론도 처음과 다르게 내려 앞뒤가 맞지 않는 글이 되고 말아요.

논술은 쓰기 전에 우선 주제를 정확하게 판단해야 합니다. 그리고 쉬운 문장으로 서론, 본론, 결론을 정확하게 구분하며 써야 일관된 글을 쓸 수 있습니다. 글을 다 썼으면 선생님이나 부모님께 보여 잘못된 부분을 지적받아야 해요. 그래야 더 나은 글을 쓸 수 있습니다. 그리고 다른 사람이 쓴 논술을 읽어 보는 것도 잊지 마세요.

5) 한자도 국어다

*한자를 무시하지 말자

우리말의 70%가 한자어입니다. 그러므로 책을 읽을 때 한자를 모르면 이해하기가 아주 어렵습니다.

하지만 어느 정도 한자어를 익혀 두면 서로 뜻이 헷갈릴 일도 없고, 뜻도 금방 통하게 됩니다. 실제로 한자를 많이 아는 학생들은 어휘력도 좋습니다. 모르는 단어도 앞뒤 글을 읽으면서 한자음의 뜻을 유추해 내기 때문입니다. 그리고 비슷한 단어라도 정확하게 뜻을 파악하기 때문에 독해력도 뛰어납니다. 지겹고 어렵고 복잡하다고 한자를 멀리하기엔 한자의 위력이 너무 세답니다.

*한자 공부하는 법

영어가 알파벳으로 이루어졌듯이 한자는 부수로 이루어져 있습니다. 부수를 외워야 한자를 이해하는 데 도움이 되고, 또한 제대로 쓸 수 있습니다. 옥편 맨 앞장에 있는 부수를 모두 외우도록 하세요. 200여 개나 되는 부수를 언제 다 외우나 하겠지만, 사물의 모양을 본떠 만든 글자가 많으므로 의외로 쉽게 외울 수 있을 것입니다.

한자의 수는 헤아릴 수 없이 많습니다. 무턱대고 외우면 아무리 머리가 좋다고 해도 한계가 있습니다. 하지만 부수의 뜻을 이해하면서 외우면 훨씬 재미있고 쉽게 외워질 것입니다.

또한 영어 단어도 머리로만 외우면 안 되듯 한자 역시 한 획 한 획 쓰면서 외워야 정확하게 외울 수 있습니다.

한자는 비슷한 것이 많기 때문에 눈으로 익혀서는 헷갈리기 쉽습니다. 읽을 수는 있어도 막상 쓰려고 하면 머뭇거려집니다. 눈으로 읽고, 입으로 중얼거리면서 손으로 쓰면서 익히는 것이 제대로 된 한자 공부입니다.

*한자 일기를 쓰자

일기를 쓸 때 한자를 섞어서 쓰세요. 평소 우리가 사용하는 단어에는 한자어가 많기 때문에 의외로 많은 단어를 익힐 수 있을 것입니다. 한자 공부를 위해 따로 시간을 낼 필요가 없겠지요.

그리고 나만의 국어 사전을 만들 때 한자를 함께 쓰세요. 만약 사전에서 찾은 단어가 한자어라면 뜻도 쉽게 외울 수 있고 한자도 익힐 수 있어 일석이조가 될 것입니다.

영어

+ 영어 공부는 왜 할까?

　지구촌이라는 말처럼 나라와 나라 사이가 점점 가까워지고 있습니다. 그리고 대립의 관계가 아니라 서로 돕는 협력의 관계로 바뀌면서 나라와 나라를 오가는 사람들도 많아졌습니다.
　그런데 각자 다른 언어를 사용하다 보니 하나의 공용어가 필요하게 되었습니다. 영어가 바로 전 세계 사람들을 하나로 엮어 주는 공용어 역할을 합니다.
　시험 과목으로서만 영어 공부가 필요한 것은 아닙니다. 국제 사회에 진출하거나 사업이나 예술 등 세계 무대에 서지 않더라도 책이나 인터넷 등을 통해 남들보다 많은 정보를 얻기 위해서라도 영어는 절대 무시해서는 안 되는 과목입니다.
　좀더 넓은 세계에서 다양한 사람들과 어울리려면 영어 공부는 반드시 해야 합니다.

 영어 공부 이렇게 해 봐

1) 영어는 나의 힘

*자기만의 이유를 만들자

영어는 학교에서뿐만 아니라 사회 생활에서도 반드시 필요한 과목입니다. 앞으로 영어를 못하면 벙어리와 같은 신세가 될지도 모릅니다. 그러므로 지금부터 꾸준히 공부해 두어야 합니다.

영어에 흥미를 갖기 위해 자신만의 영어 공부를 하는 이유를 만들어 보세요. 원서를 읽기 위해, 팝송을 잘 부르기 위해, 또는 외국 사람과 이야기를 하기 위해 등 목표를 세워 두면 영어 공부를 조금 더 재미있게 할 수 있습니다.

*날마다 꾸준히 하자

갓난아기가 말을 배울 때는 하루에도 몇 번씩 같은 단어와 문장을 연습합니다. 우리가 외국어를 배우는 것은 갓난아기가 말을 배우는 것과 비슷합니다. 따라서 하루라도 연습을 게을리하면 실력이 늘지 않습니다.

영어는 언어입니다. 언어는 늘 사용해야 잊어버리지 않습니다. 미국에서 살다 온 사람들도 한국에서 영어를 사용하지 않다 보면 점점 잊어버립니다. 그런데 하루아침에 영어를 잘하게 될 리가 있겠어요?

그렇다고 포기하면 영어 한 마디 못하는 사람이 되고 말아요. 중요한 것은 조금씩이라도 하루라도 쉬지 않고 공부하는 것입니다.

*두려워하지 말자

외국 사람들이 우리말을 못하듯 우리가 영어를 못하는 것은 당연합니다. 영어를 못한다고 창피한 것은 아닙니다. 영어 공부를 안 하는 것이 창피한 거죠.

수업 시간에 배운 내용을 혼자 중얼거려 보고, 멋진 발음을 따라하고, 길에서 우연히 만난 외국 사람에게 인사를 건네는 등 영어 실력을 숨기려 하지 말고 밖으로 드러내세요.

두려움 없는 도전만큼 영어 공부에 도움이 되는 것은 없습니다.

2) 영어의 기본은 단어!

*단어는 영어의 힘

영어에서 단어는 재산입니다. 많은 단어를 외워야 다양하고 멋진 표현을 할 수 있습니다. 그러므로 단어 외우기를 포기하고는 영어 공부를 할 수 없습니다.

단어를 재미있게 외울 수 있는 방법 하나 알려 줄게요. 우선 주변에서 사용하는 단어를 찾아보는 것입니다.

가전제품에 붙어 있는 on, off, 현관문에 붙어 있는 pull, push 그리고 'Finding Nemo(니모를 찾아서)'와 같은 영화 제목을 비롯해 식당 이름이나 노래 제목에서도 영어 단어를 찾을 수 있습니다. 뿐만 아니라 외래어만 건져도 초등영어에 나오는 단어는 거의 공부한다고 해도 지나친 말이 아닐 거예요.

*문장을 통째로 외우자

영어에는 전치사라는 것이 있습니다. on, in, up, of 등과 같은 것이죠.

그런데 이 전치사만으로는 어떠한 뜻인지 분명하게 알기 어렵습니다. 전치사 따로, 단어 따로, 숙어 따로 하면 쓸데없이 공부할 양만 늘어날 뿐입니다. 단어만 외우기 보다는 on the table, a cup of glass 식으로 외우세요.

그리고 문장을 외우는 것이 좋습니다. 문장을 외워두면 그 때 그 때 필요한 단어만 바꿔서 사용하면 되니까요. 'bathroom'보다는 'I wash my hands in the bathroom.' 이렇게 통째로 외우는 것이 활용할 수 있는 범위가 더 넓습니다.

*나만의 사전을 만들자

단어를 오래 기억하기 위해서는 직접 찾아보고 써 보는 수밖에 없습니다. 하루에 열 개 또는 스무 개씩 단어를 정리해 나만의 단어장을 만드세요.

사전을 찾으며 입으로 철자를 중얼거리고 손으로 단어를 쓰면 보다 효과적으로 단어를 암기할 수 있습니다.

3) 수다쟁이는 영어의 필수

*큰소리로 읽고 따라한다

앞으로 토플 시험에 듣기와 말하기 부분이 강조된다고 합니다. 시험에서 좋은 점수를 받은 학생도 막상 회화를 해 보면 실력이 많이 떨어지기 때문이라고 해요. 그만큼 듣기와 말하기는 중요합니다.

입을 열기 위해 우선 소리 내어 책을 읽는 습관을 들이세요. 그러면 자신의 발음이 어디가 틀렸는지 알 수 있어 발음을 교정할 수 있습니다. 자신의 목소리를 녹음해서 들어보면 더욱 정확하게 알 수 있어요.

*외국인과 수다 떨기

혹 외국인을 보면 먼저 다가가 가볍게 인사를 건네 보세요. 이상하게 생각하지 않을까 망설이지 마세요. 생각보다 아주 반가워할 것입니다.

어렵고 긴 이야기를 할 필요도 없습니다. 영어 회화를 배울 때 가장 기초적인 인사와 어느 나라 사람인지만 물어봐도 훌륭해요. 외국 사람과 말을 해 본 사람과 그렇지 않은 사람의 자신감은 하늘과 땅 차이입니다.

*생활 속의 작은 영어

영어를 잘하려면 부끄러워해서는 안 됩니다. 늘 사용하는 우리말이 아니기 때문에 막상 입을 떼기가 어색하고 부자연스러운 것은 당연합니다. 그러므로 평소에 영어에 대한 감을 익혀 두세요. 간단한 인사말이나 대화는 물론, 감탄사도 영어로 하는 것입니다. 'Oh my god.' 이라든지, 재채기한 친구한테 'God bless you.' 정도는 할 수 있을 거예요. 의식적으로 평상시에 영어를 쓰다 보면 자신도 모르게 입이 열리게 된답니다.

*영어노래 부르기

영어 노래를 흥얼흥얼 반복하다 보면 자신도 모르게 단어를 외우게 됩니다. 또한 듣기, 어휘, 발음, 문장 구조 등을 한꺼번에 공부할 수도 있고, 리듬을 타기 때문에 쉽고 지루하지 않습니다. 영어 노래를 부를 때 처음부터 노래 가사의 뜻을 알려고 하지 마세요. 영어의 음과 감각을 익히는 것이 중요합니다.

조금 욕심을 내어 팝송에도 도전해 보세요. 조금 어렵기는 하지만 팝송 가운데에도 가사가 아름다운 곡이 많답니다. 아마 더 많은 단어를 익힐 수 있고, 멋진 표현을 배울 수 있을 거예요.

4) 영어 일기를 쓰자

*받아쓰기 연습을 하자

한글을 처음 배울 때 받아쓰기 하던 거 기억나죠? 영어 단어도 받아쓰기를 통해 정확한 철자를 익히세요. 한글 맞춤법이 정확해야 글을 쓸 수 있듯, 영어도 마찬가지입니다. 올바른 철자를 알아야 글을 쓸 수 있어요. 영어는 듣고 말하기만 하면 된다고요? 그것은 마치 우리가 한글을 모르는 것과 같습니다. 말하고 듣는 것은 다하면서 글씨를 못 쓴다면 말이 안 되죠.

그리고 요즘은 컴퓨터를 많이 쓰니까 한글 자판뿐만 아니라 영어 자판도 익혀 두세요. 나중에 이메일이나 채팅할 때 많은 도움이 됩니다.

*영어로 메모하자

간단한 메모는 영어로 하는 습관을 들이세요. 메모라는 것이 워낙 간단한 것이므로 긴 문장을 쓸 필요도 없어요. 그 날 그 날 중요한 일이나 해야 할 일을 달력에 영어로 메모하는 것입니다. homework라든지 test, study, promise 등등 간단한 것도 좋아요. 메모를 통해서 단어와 문장을 익히는 것이 중요합니다. 그리고 책을 읽거나 비디오 또는 영화를 보고 메모를 하도록 하세요. 좋은 문장을 따라 쓰다 보면 문장도 익히고 새로운 단어도 익힐 수 있습니다.

영어는 수업 시간에만 쓰는 것이 아닙니다. 말은 쓰면 쓸수록 어휘도 풍부해지고 자신감도 생깁니다.

*영어 일기를 쓰자

적어도 일주일에 하루 이틀은 꼭 영어 일기를 쓰세요. 그렇다고 아주 길게 쓸

필요는 없습니다. 한 문장도 좋고 두 문장이라도 어려운 문장보다는 쉽고 간단한 문장부터 시작하세요. 영어 일기는 멋진 문장을 쓰기보다는 꾸준히 쓰는 게 중요해요.

일기는 다른 사람에게 보여 주는 것이 아니지만, 영어 일기는 영어를 잘하는 친구나 선생님, 부모님과 함께 교환일기를 써 보는 것도 좋은 방법입니다. 그러면 새로운 표현을 배울 수도 있고, 자신이 어디가 틀렸는지 알 수 있기 때문에 영어 실력을 더욱 높일 수 있습니다.

5) 영어책을 읽자

*원서를 읽자

수학 능력 시험에 영어 과목이 중요하다는 것은 다들 알 것입니다. 그러면 혹시 영어 문제를 본 적 있나요? 시험에 나오는 영어 지문은 아주 깁니다. 단어 하나하나를 짚어가면서 해석하다 보면 시간이 모자라요.

그러므로 국어와 마찬가지로 영어도 글을 빨리 읽고 내용을 파악하는 것이 중요합니다. 그러기 위해서는 어려서부터 우리 책 읽듯이 원서를 읽는 습관을 들이는 것이 좋습니다. 처음부터 긴 문장의 책을 고르지는 마세요. 특히 내가 초등학생이니까 미국 초등학생이 보는 책을 고르는 것은 바보 같은 짓입니다. 여러분이 읽는 동화책을 간단한 한국말을 하는 외국인에게 주는 것과 똑같아요.

처음부터 어려운 것을 읽으려고 하면 오히려 자신감만 잃어 버릴 수 있습니다. 자기 실력에 맞는 책을 고르세요. 동화책이든 만화책이든 상관없습니다.

원서는 우리나라 말로 된 책을 다 읽었을 때와는 그 느낌과 재미가 달라요. 그 재미를 가지고 꾸준히 원서를 읽어 나가면 영어 실력이 엄청나게 늘어나는 것을 알 수 있을 것입니다.

*외국 사이트를 찾아보자

요즘은 인터넷이 없으면 생활을 할 수 없을 정도입니다. 대부분의 정보를 인터넷에서 찾죠.

혹시 외국 사이트에 들어가 본 적 있나요? 평소에 관심 있는 분야의 사이트를 찾아보세요. 만화 캐릭터도 괜찮고 해외 스타들의 홈페이지도 좋습니다. 같은 것에 흥미를 가지고 있는 전 세계 사람들의 글을 읽다 보면 영어 실력을 쌓을 수 있을 거예요.

그렇게 만난 사람들과 엠팔(EmPal : E-mail Pal의 준말)을 해 보세요. 영어는 세계 공용어처럼 사용되기 때문에 미국이나 영국뿐만 아니라 일본, 중국, 유럽까지 여러 친구들을 사귈 수 있습니다. 친구도 사귀고 영어 실력도 쌓고, 일석이조랍니다.

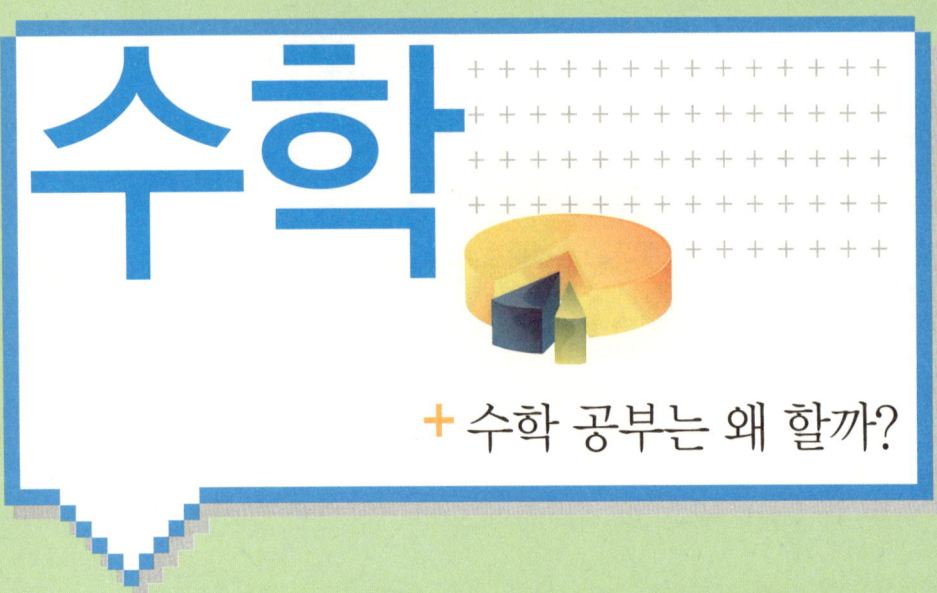

수학

+ 수학 공부는 왜 할까?

    수학은 철학의 출발점이 되었습니다. 논리적으로 문제를 풀어가는 만큼, 수학 공부는 논리력을 키우는 데 많은 도움을 줍니다. 논리력은 모든 사고의 시작입니다. 올바르게 생각하고 문제를 해결하는 데 논리력이 필요하거든요.

    한편으로 수학은 다양하고 변화가 있는 과목입니다. 정답은 하나지만 수식을 풀어가는 과정은 여러 가지입니다. 다양한 방법을 탐구하고 여러 가지 방법으로 해답을 찾아가는 과정에서 두뇌 개발은 물론 인내심을 기를 수도 있습니다.

    지금은 대부분 숫자와 기호를 가지고 계산하는 문제가 많을 거예요. 하지만 중학교, 고등학교에 가면 초등학교 때 익힌 계산력과 기본 공식을 응용한, 더 다양한 문제와 만나게 될 것입니다.

1) 수학에 기죽지 말자

*자신감을 갖자

수학은 중학교는 물론 고등학교, 대학입시 때까지 끈질기게 붙어다니는 과목입니다. 그리고 쉽다는 사람보다는 어렵다는 사람들이 훨씬 많죠.

하지만 수학의 매력에 한번 빠져들면 그야말로 헤어나오기 어렵답니다. 수학은 머리 좋은 사람만이 잘하는 과목이 아닙니다. 부지런한 사람이 잘하는 과목이에요. 기초부터 차근차근 쌓아간다면 수학 박사가 될 수도 있습니다.

*기본에 충실하자

공부의 기본은 예습과 복습입니다. 수학도 예외가 아니에요. 특히 수학은 예습과 수업 그리고 복습, 삼 박자가 잘 이루어져야 합니다.

예습할 때는 가볍게 교과서를 중심으로 훑어 보세요. 이번에 배울 단원에 어떤 내용이 있는지, 새로운 공식은 무엇인지 말이죠. 문제도 풀어보고 잘 안 풀리거나 이해가 안 되는 부분은 표시해 두세요. 그리고 수업 시간에 집중해서 이해하면 됩니다.

예습을 하면 자신이 무엇을 이해하지 못하는지 알기 때문에 집중력이 높아져요. 그리고 그렇게 들은 내용은 쉽게 잊혀지지도 않습니다.

마지막으로 복습을 반드시 해야 합니다. 완전히 자기 것으로 만들기 위해서는

배운 내용에 관한 문제를 교과서는 물론이고, 문제집까지 반드시 풀어야 합니다. 또한 흐름을 잊지 않기 위해 수학 수업이 없는 날이라도 매일매일 수학 문제를 풀도록 하세요.

*보충과 교과서, 두 마리 토끼를 한꺼번에

아무리 예습을 하고 복습을 해도 이해가 안 간다면, 곰곰이 생각해 보세요. 지난 학년이나 학기에 소홀히 한 부분이 없나 하고 말이죠. 그리고 혹시라도 이해하지 못하고 넘어간 부분이 있다면 반드시 짚고 넘어가야 합니다. 그것이 지난 학기든 지난 학년이든, 발견한 즉시 보충 공부를 해 두어야 합니다. 그래야 다음 수업을 이해할 수 있어요.

그렇다고 교과서 수업 진도를 소홀히해서도 안 됩니다. 이해가 안 되더라도 선생님 설명을 열심히 듣다 보면 예전에는 이해가 안 되었던 부분이 시원하게 뻥 뚫리기도 합니다. 어차피 수학은 기초를 토대로 하는 것이므로 어느 정도는 반복 학습이 가능하니까요.

기초를 튼튼히 하는 것만큼 수업 진도도 놓치지 말고 꼭 잡도록 하세요.

2) 수학의 프로가 되자

*교과서 문제는 100점!

여러분은 수학 공부를 할 때 무엇으로 하나요? 설마 처음부터 문제집을 펼쳐 놓고 무작정 풀어나가지는 않겠죠? 수학 공부는 교과서부터 시작해야 합니다. 교과서는 가장 기초가 되는 책입니다. 그러므로 교과서 문제를 제대로 풀지 못하면 다른 문제도 풀 수 없습니다. 손으로 풀 수 있는 것뿐만 아니라 다른 친구에게 풀이 과정을 설명해 줄 수 있을 만큼 말입니다.

교과서 문제를 전부 이해했다는 것은 기초가 튼튼하게 자리잡았다는 뜻입니다. 일단 기초를 굳혀 놓으면 어려운 문제도 쉽게 풀 수 있습니다. 괜히 어려운 문제부터 풀어 쓸데없이 수학에 기죽지 마세요.

*공식은 전부 외운다

수학에는 많은 공식이 나옵니다. 물론 다 외워야 하고요. 그런데 공식은 공식대로,

문제는 문제대로 이렇게 따로따로 헤어져 있지는 않나요? 무슨 무슨 공식, 하면 줄줄 외우는데 막상 문제를 풀지 못하는 것은 공식을 단순히 외우기만 했기 때문입니다. 공식은 이해하면서 외워야 응용 문제를 풀 때 제대로 활용할 수 있습니다.

평행사변형과 사다리꼴, 마름모는 모두 사각형이지만 넓이 구하는 공식은 각각 다릅니다. 그래서 헷갈리기 쉬워 문제를 풀다가 실수하기 쉽습니다. 하지만 각 넓이 구하는 공식이 어떻게 성립했는지 이해하고 암기해 보세요. 그러면 다른 공식과 헷갈리지 않고 문제를 쉽게 풀 수 있을 것입니다. 그리고 순간 공식을 까먹더라도 유추할 수 있으므로 공식은 반드시 이해하면서 외우세요.

*깨끗하게 푸는 습관을 들이자

　수학 문제를 풀 때는 공책 필기를 하듯 깨끗하게 푸는 습관을 들이세요. 시간이 없다고요? 한번 해 보세요. 깨끗하게 문제를 푸는 것과 여기저기에 써 가면서 문제를 푸는 것, 어느 것이 더 시간이 적게 걸리는지 말이에요. 여기저기에 계산을 해 두면 문제를 풀다가 헷갈릴 수 있습니다.

　게다가 요즘은 수학 시험이 단순히 답만 구하는 것이 아니라 풀이 과정을 쓰라는 서술형 문제가 많이 출제되고 있습니다. 따라서 평소에 풀이 과정을 엉성하게 대충 푼 사람은 답안을 쉽게 작성하지 못합니다.

　그리고 계산 과정을 또박또박 풀다 보면 집중도 잘 되고 검산할 때도 자신이 어디에서 실수를 했는지 금방 알 수 있습니다.

*정리하며 풀자

문제를 읽자마자 무턱대고 계산부터 하려는 학생이 많은데, 이는 수학의 함정으로 스스로 빠져드는 것입니다. 특히 서술형 문제는 문제가 요구하는 답이 무엇인지 제대로, 빨리 파악해야 합니다. 따라서 문제를 풀면서 나름대로 정리하는 습관을 들여야만 합니다. 그래야 정확한 답도 구할 수 있고 시간도 절약할 수 있습니다. 문제가 잘 이해되지 않을 때는 그림을 그려가며 풀어보세요. 그러면 훨씬 더 쉽게 이해할 수 있을 것입니다.

4) 수학에 고수가 되는 비법

*매일 꾸준히 풀자

수학 문제 풀이는 시간과의 싸움입니다. 시험 볼 때 시간이 부족해서 문제를 못 풀었다면 빨리 푸는 연습을 해야만 합니다. 문제를 빨리 풀기 위해서는 역시 많은 문제를 풀어보는 수밖에 없습니다. 특히 자주 나오는 문제는 자동적으로 풀 수 있도록 충분히 연습해야 합니다. 매일매일 적어도 30분 이상 일정한 양의 문제를 풀도록 하세요. 신기하게도 수학은 문제를 풀면 풀수록 이해도 잘 되고, 실력도 늘어 재미있어집니다.

*해답지여, 안녕~!

수학 문제는 끝까지 자기 힘으로 푸는 것이 최고입니다. 안 풀리고 막힐 때는 답답하지만, 그래도 섣불리 해답지를 보는 것은 좋지 않습니다. 해답지를 보는 것은

공부가 아닙니다. 행여 해답지를 보고 풀이 과정을 완벽하게 이해했다고 해도 또 그 문제가 나오면 못 풀기는 마찬가지예요.

시간이 걸리더라도 스스로 문제를 끝까지 푸는 습관을 들이세요.

*손으로 풀자

눈으로 풀이 과정을 보면 다 이해가 되더라도 한 번은 꼭 직접 손으로 풀어보세요. 수학은 연필을 손에 쥐고 고민하면서 풀어야 하는 과목입니다. 암산으로 끝나는 문제는 한정되어 있어요. 문제를 풀다가 도저히 이해가 되지 않아 어쩔 수 없이 해답을 보게 될 때도 그냥 눈으로 훑어보지 마세요. 반드시 연습장에 쓰면서 직접 정리해야 이해도 빠르고 완전한 자기 것이 될 수 있습니다.

*질문도 당당하게

　수업 시간에 질문을 잘하는 학생들은 대부분 성적도 좋습니다. 질문은 몰라서, 무식해서 하는 것이라고 여기는데 오히려 그 반대입니다. 자신이 무엇을 모르는지 조차 알지 못하면 질문도 못한답니다. 그러므로 질문할 수 있는 자신의 실력에 자신감을 가지세요. 질문거리가 있다는 것은 그만큼 발전 가능성이 많다는 것입니다.

　특히 해답지를 보기보다는 직접 물어보는 것이 좋아요. 이해도 빠른 데다가 설명을 듣다 보면 뜻밖의 비법이나 주의 사항을 알 수도 있답니다.

*수학의 감을 잡자

　'척 보면 척'이라는 말 알죠? 수학 문제가 그렇답니다.

　문제를 많이 풀다보면, 문제만 봐도 머리 속에 벌써 공식과 풀이 과정이 떠오르게 됩니다. 그러면 보통 문제는 시시해진답니다. 더 어렵고 더 복잡한 문제를 풀고 싶어져요. 문제를 풀면서 감을 잡고 성취감을 얻게 되는 것입니다.

　수학의 감을 제대로 잡고 싶다면 한 번쯤 어려운 문제에 매달려 보세요. 단 해답지는 보지 말아야 합니다. 자신이 알고 있는 지식을 모두 동원하고 그림을 그려가며 풀어야 해요. 30분 또는 1시간 끙끙거리며 문제를 풀다보면 자신도 모르게 수학의 고수가 될 수 있습니다.

*한 단계 앞서서 공부하자

　수학에 어느 정도 자신이 생겼다면 수업 진도보다 조금 빨리 나가 보세요. 특히 방학을 이용하면 아주 좋습니다. 방학 때 한 학기 또는 한 학년을 앞서서 공부해 두면 수학 실력이 부쩍 는답니다.

수업 시간에 더욱 집중하게 되고 앞선 만큼 시간에도 여유가 생겨 더 많은 문제를 풀 수 있게 되죠. 그렇다고 너무 욕심내면 수학에 질릴 수 있으니까 조심하세요.

*나만의 노트를 만들자

시험 문제나 문제집에서 틀린 문제를 모아 오답 노트를 만드세요. 그러면 자신이 어느 부분이 약한지도 금방 알 수 있고 시험 보기 전에 마지막 정리를 하는데 도움이 됩니다. 오답 노트를 정리할 때는 반드시 문제를 쓰세요. 그리고 풀이 과정에서 틀린 부분을 색깔로 표시합니다. 덧셈이나 뺄셈을 잘못한 것인지, 공식을 헷갈린 것인지 아니면 문제 자체를 이해 못한 것인지 표시해 두세요.

+ 사회 공부는 왜 할까?

　사회 과목은 크게 역사와 정치, 경제로 나눌 수 있습니다. 이 세 가지는 우리가 생활을 하는데 가장 기본적으로 알아야 할 사항들입니다.
　사회는 혼자 사는 것이 아니라 여럿이 모여 사는 공동체입니다. 많은 사람들이 모여 살기 때문에 그 모습이 다양합니다. 다양한 모습을 서로 이해하고 질서 있게 유지하려면 규칙이 필요합니다. 그 기본적인 규칙에 대해 배우는 것이 사회입니다.

사회 공부 이렇게 해 봐

1) 사회의 기본

*숲을 볼 줄 알자

사회는 정치와 경제 그리고 역사를 배우는 과목입니다.

그런데 각 단원이 떨어져 있는 것이 아니라 수학처럼 연결되어 있는 과목이랍니다.

역사의 어느 한 부분만 이해한다고 해서 잘할 수 없고, 정치나 경제 한 부분만 잘

한다고 해서 성적이 오르는 과목이 아닙니다. 그러므로 사회 공부를 할 때 중요한 것은 전체를 볼 수 있어야 합니다. 역사의 흐름, 경제의 변화, 정치의 발전 등 한 맥락에서 이해해야 합니다. 다시 말해 나무를 보지 말고 숲을 볼 줄 알아야 합니다. 전반적인 흐름을 파악하지 못하고 자잘한 것만 외워서는 좋은 성적을 기대할 수 없어요.

*수업 시간에 집중

사회 교과서를 읽다 보면 무슨 내용인지, 뭐가 중요한지 잘 모를 때가 있을 것입니다. 요점을 간추리기 위해 교과서에 줄을 치다 보면 어느새 모두 밑줄을 긋고 말지요.

요점을 간추리기 위해서는 수업 시간에 집중해야 합니다. 선생님이 밑줄을 치라고 하거나 중요하다는 부분은 잘 표시해 두세요.

*교과서는 기본, 문제집은 필수!

사회 교과서를 읽을 때는 단원 제목을 늘 생각하면서 읽으세요. 무슨 내용을 공부할 것인지, 어떤 내용을 공부할 것인지 알고 있으면 전체 흐름 잡기가 쉬울 것입니다. 교과서를 읽는 것과 함께 문제를 풀어보는 것도 중요합니다. 다 알고 있다고 해도 문제를 풀다보면 모르거나 틀리는 것이 있을 거예요.

그 부분을 교과서를 찾아보며 보충하세요. 그러면 내용도 쉽게 파악할 수 있고, 무엇이 중요한 것인지 놓치지 않고 공부할 수 있습니다.

*지도와 도표를 볼 줄 알자

사회 교과서의 지도와 도표는 그 단원의 내용을 간추려 놓은 것과 같습니다.

또 시험에도 자주 나오기 때문에 반드시 외워 두어야 합니다. 눈으로 외우지 말고 직접 그려 보면서 외우도록 하세요.

2) 사회의 고수

*사회는 암기 과목?

사회를 잘하려면 교과서를 전부 외워야 한다고 합니다. 틀린 말은 아닙니다. 수학처럼 공식이 있는 것도 아니고 새로운 정보를 얻는 것이므로 외우는 것이 당연합니다.

하지만 무조건 외우면 된다는 것은 잘못된 생각입니다. 무작정 외우기만 하면 금방 잊어먹고 전체를 이해하지 못하게 됩니다.

그러므로 무턱대고 외우기보다는 원인과 결과, 그리고 의의를 파악하다 보면 그다지 애쓰지 않아도 저절로 외워질 것입니다. 또한 전체를 이해하면서 외워야 앞에서 말한 대로 나무가 아닌 숲을 볼 수 있게 됩니다.

*모든 감각을 동원해 외운다

교과서를 눈으로만 공부한다면 금방 까먹습니다. 되도록 모든 감각을 이용해서 외우도록 하세요. 눈으로 보고 입으로 소리내어 읽고 손으로 쓰는 세 가지를 동시에 하면 빠른 시간 안에 확실하게 암기할 수 있습니다.

왜냐하면 보고 읽고 듣고 쓰는 것을 한꺼번에 하면 대뇌의 신경 세포를 자극하게 되면서 암기를 도와 주기 때문입니다. 하나하나 써 가면서 언제 다 외우나 하겠지만, 일단 외우면 절대 쉽게 까먹지 않는답니다.

*생활과 연결지어 이해한다

　사회 공부는 학교에서만 할 수 있는 것이 아닙니다. 우리가 생활하는 데 필요한 기본을 배우는 만큼 실제 생활과 연결되는 부분이 많아요.

　그래서 뉴스나 신문을 통해서도 교과서의 내용을 배울 수 있습니다. 투표나 선거 또는 국회에서 법안이 통과되는 과정은 어른들의 일처럼 보이지만 우리도 교과서에서 다 배운 내용이잖아요.

　이제 뉴스를 보세요. 현재 우리 사회의 상황이나 현상 등을 교과서에서 배운 내용과 잘 연결시키면 저절로 사회 공부가 될 것입니다. 그리고 신문 기사를 문화, 경제, 정치 등 관심 분야별로 스크랩해 두면 꽤 많은 정보를 얻을 수 있을 것입니다.

*책을 보자

　교과서 이외에 책을 읽는 것도 좋은 방법입니다. 요즘은 유익한 내용을 재미있게 담은 책들이 많아서 사회에 대한 지식을 쉽게 얻을 수 있습니다. 물론 너무 가벼운 책은 얕은 지식을 얻는 데에 그칠 수 있습니다.

　교과서 이외에 제대로 된 역사나 경제, 정치에 대한 책을 읽으면 사회 공부도 재미있게 할 수 있고 보다 폭넓게 공부할 수도 있습니다.

*이야기꾼이 되자

　단원이 끝나면 문제를 풀어보면서 얼마나 이해했는지 알아보는 것도 중요합니다. 그런데 그 만큼 중요한 것이 이야기를 할 수 있느냐예요. 친구끼리 또는 동생에게 자신이 배운 내용을 이야기해 주세요.

　그러다 보면 얼마나 이해했는지, 어느 부분이 부족한지 알 수 있습니다. 머리로 알고 있는 것도 막상 말로 하려면 제대로 정리가 되지 않을 때가 있어요. 제대로 이해하지 못했기 때문입니다.

　단원이 끝나면 문제를 풀어보기 전에 중요한 내용을 이야기로 정리해 보세요. 또 서로 질문을 하면서 공부하는 것도 좋은 방법입니다.

과학

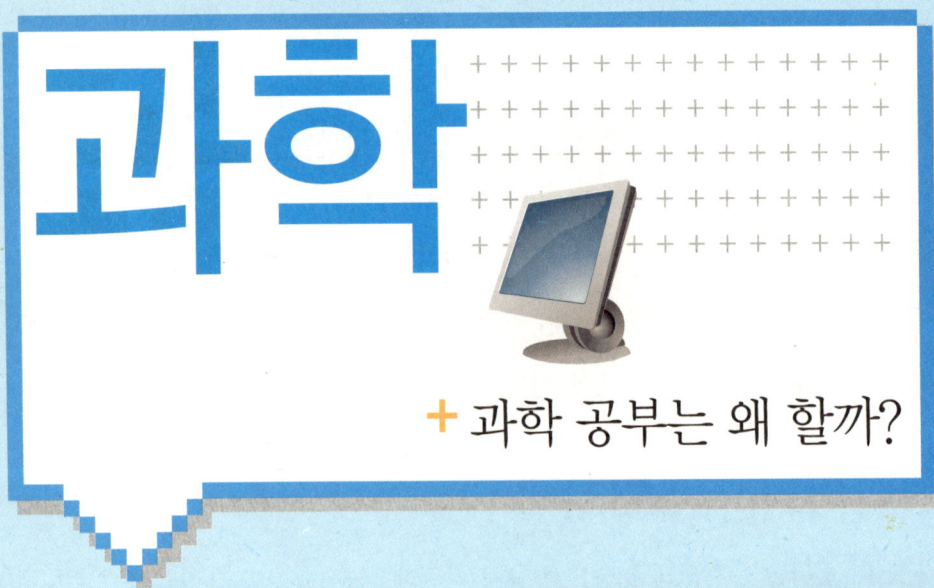

+ 과학 공부는 왜 할까?

　우리가 살고 있는 세상에서 일어나는 모든 현상은 과학에 의한 것입니다. 해가 뜨고 지는 것부터 계절의 변화, 전기를 사용하고 차를 타는 것 모두 과학의 힘입니다. 과학은 우리의 삶을 윤택하게 만들어 주는 기술의 원천입니다.

　많은 과학자들이 노력하고 희생해 사람들이 좀더 편하고 윤택하게 살 수 있도록 해 주었습니다. 또한 지금도 많은 과학자들이 보다 나은 삶을 살 수 있도록 여러 분야에서 노력하고 있습니다.

　과학은 발견되기도 하고 발명되기도 합니다. 창의적 사고에 의해 발명된 과학은 사람들의 생활을 더욱 편리하게 해 줍니다. 또한 자연 현상에 대한 호기심은 탐구력을 키워 또 다른 발견과 발명을 낳기도 합니다.

과학 공부 이렇게 해 봐

1) 과학의 기본은 용어와 법칙

*원리를 이해하자

과학은 탐구 능력이 중요한 과목입니다. 어떤 현상에 대해 '왜'라는 의문을 가지고 풀어 가는 과목이지요. 그러기 위해서는 우선 교과서의 용어들을 제대로 이해해야 합니다. 그냥 외우기만 하면 문제 풀 때 응용을 할 수 없어 좋은 성적을 올릴 수 없어요.

또한 과학은 수학과 함께 논리적인 과목입니다. 따라서 기본 원리만 이해하면

공부하기가 쉽습니다. 응용 문제도 문제없게 되고요. 하지만 수학이 그러하듯, 무조건 외우는 과학 공부는 별로 도움이 되지 못합니다. 하나만 알고 둘은 알지 못한 채 끝나고 맙니다. 원리를 이해하는 것이 중요합니다.

*용어와 법칙을 정확하게 이해하자

과학에는 용어들이 많습니다. 만유인력의 법칙, 관성의 법칙 등 법칙도 많고 실험 과정에서 사용하는 용어들도 많습니다. 이러한 용어를 모르고는 과학 공부를 할 수 없습니다. 용어는 개념을 이해하는 기초입니다.

아무리 쉬운 내용이라도 용어를 모르면 과학은 어려운 과목이 되어 버립니다. 용어와 법칙은 반드시 표시해 두고 꼭 외우세요. 용어와 법칙을 정리해 나만의 노트를 만드는 것도 좋은 방법입니다.

*교과서의 그림과 표는 꼭 외우자

과학 교과서에도 사회 과목처럼 그래프와 그림, 도표가 많이 나옵니다. 역시 한 단원의 내용을 정리해 놓은 것이므로 문제로도 많이 출제됩니다. 그래프, 도표, 그림을 보고 의미를 파악하는 훈련을 하세요. 특히 실험 장치나 실험 결과에 대한 그림은 반드시 시험에 출제됩니다.

*문제를 꼭 풀어보자

과학은 예습보다는 복습이 중요한 과목입니다. 특히 실험에 관해서는 더욱 그러합니다. 왜냐하면 실험 결과를 미리 알면 수업에 열중할 수 없기 때문입니다. 또 실험 결과를 정확하고 객관적으로 볼 수 없게 되지요. 대신 수업 시간에 충분히 이해 못했던 부분이나 새로운 용어 등은 반드시 복습을 통해 익혀 두어야 해요.

복습의 가장 확실한 방법은 문제집을 풀어 보는 것입니다. 수업 내용을 얼마나 이해했는지 꼭 확인하도록 하세요.

2) 실험 시간을 이용하자

*실험 시간에 모든 것을 이해하자

과학은 이론을 빼면 대부분 실험에 의한 결과입니다. 그러므로 실험 과정과 결과가 시험에 자주 나오지요. 간단한 것은 직접 실험해 보고, 수업 시간에 하는 실험에는 적극적으로 참여하세요. 실험 시간에 집중하는 것만으로도 시험에 잘 나오는 실험 기구의 이름은 물론, 실험의 목적을 확실히 알게 됩니다. 실험 결과에 대해서는 말할 것도 없이 머리에 확실하게 남게 됩니다.

*일상생활과 과학

과학 실험의 대부분은 거창한 것이 아닙니다. 가만히 보면 우리 주변에서 일어나는 현상이나 사건과 연관이 있습니다. 따라서 과학 교과서에 나오는 내용은 우리 주변에서 예를 들 수 있는 것이 많아요. 원심력을 예로 들어 볼까요. 원심력은

원의 중심에서 멀어지려는 힘을 말합니다. 그래서 버스를 타고 가다가 커브를 돌 때면 원 바깥쪽으로 모두 쏠리게 되고, 넘어지게 되죠. 새로운 원리와 법칙을 배울 때마다 주변에서 예를 찾아보세요. 그러면 이해도 잘 되고 기억도 잘 될 것입니다.

*박람회나 전시회에 가자

과학 공부를 재미있게 할 수 있는 방법은 현장 학습입니다. 박람회나 전시회 말이에요. 박람회나 전시회는 관람자의 흥미를 끌기 위해 어려운 과학을 쉽고 재미있게 공부할 수 있도록 해 줍니다. 직접 실험을 할 수도 있고 체험을 할 수도 있어요.

*책을 읽자

과학에 대한 책을 읽는 것도 과학 공부에 흥미를 가질 수 있는 좋은 방법입니다. 과학 시간에 배운 내용을 과학 도감이나 백과사전에서 찾아보세요. 특히 백과사전은 사진이 다양하고 설명도 쉬워 어떨 때는 교과서나 참고서보다 쉽고 기억에도 오래 남습니다. 그리고 교과서보다 더 많은 것을 알 수 있기도 해요.

4) 호기심은 과학의 힘

*'왜?' 라는 생각을 갖자

과학은 인간의 호기심에 의해 발달해 왔습니다. 호기심을 갖고 '왜?'라는 물음 하나 때문에 많은 발견과 발명을 이루어냈습니다.

과학 공부도 마찬가지입니다. '왜?'라는 생각을 갖는 것이 중요해요. 그리고 의문점을 풀기 위해 스스로 생각하고 관찰하고 실험해야 합니다. 그저 교과서나 참고서에 있는 것을 그대로 외워서는 공부가 되지 않습니다.